Digitales Marketing Meisterklasse:
Der Weg zu mehr Umsatz -
Komplettleitfaden für IT-Unternehmen

Über den Autor:

Der Naturwissenschaftler Dipl.-Math. Klaus-Dieter Sedlacek lebt seit seiner Kindheit in Stuttgart. Er studierte neben Mathematik und Informatik auch Physik. Nach dem Studienabschluss und einigen Jahren Berufspraxis gründete er eine eigene Firma, die sich mit der Entwicklung von Anwendungssoftware beschäftigte. Zwischenzeitlich widmet er sich seinen privaten Interessen zu denen auch das Schreiben und Veröffentlichen von Büchern gehört.

Über das Buch:

Klaus-Dieter Sedlacek, ein Meister seines Fachs in der Welt des Marketings und der digitalen Strategie, bietet mit "Digitales Marketing Meisterklasse: Der Weg zu mehr Umsatz - Komplettleitfaden für IT-Unternehmen" den Schlüssel für IT-Unternehmen, um in der heutigen dynamischen Digitalwelt nicht nur zu bestehen, sondern zu glänzen. Dieses Buch ist mehr als nur ein Leitfaden; es ist eine umfassende Expedition durch die facettenreiche Welt des digitalen Marketings, maßgeschneidert für die speziellen Bedürfnisse und Möglichkeiten von IT-Unternehmen.

Von den Grundlagen bis zu fortgeschrittenen Strategien, Werkzeugen und Techniken, die speziell darauf ausgerichtet sind, den Umsatz von IT-Unternehmen zu steigern, bietet jede Seite dieses Buches praxisnahe Ratschläge und tiefgreifende Einblicke. Sedlacek entführt die Leser auf eine Reise durch das Content-Marketing, entwirrt die Geheimnisse von SEO und SEM, navigiert durch die Komplexitäten sozialer Medien und E-Mail-Kampagnen und vieles mehr.

"DIGITALE MARKETING MEISTERKLASSE" dient nicht nur als Wegweiser, sondern als Inspiration für IT-Unternehmen, die ihre digitale Präsenz verstärken und einen signifikanten Umsatzschub erfahren möchten. Durch Fallstudien, bewährte Methoden und leicht verständliche Erklärungen demystifiziert Sedlacek digitale Marketingstrategien und zeigt, wie sie erfolgreich in die Praxis umgesetzt werden können.

Bereiten Sie sich darauf vor, die digitale Marketinglandschaft zu erobern und Ihr IT-Unternehmen auf die nächste Ebene zu bringen. "Digitales Marketing Meisterklasse" ist der essenzielle Begleiter auf diesem Weg. Tauchen Sie ein in dieses Buch und entdecken Sie, wie Sie die digitale Welt nutzen können, um nicht nur zu überleben, sondern in der digitalen Ära außergewöhnlich erfolgreich zu sein.

DIGITALES MARKETING MEISTERKLASSE

Der Weg zu mehr Umsatz -
Komplettleitfaden für IT-Unternehmen

Von

Klaus-Dieter Sedlacek

TOPPBOOK WISSEN Bd. 89

Druck und Distribution im Auftrag des Autors/der Autorin:

tredition GmbH, Halenreie 40-44, 22359 Hamburg, Deutschland

Softcover ISBN 978-3-384-14169-9

Inhaltsverzeichnis

1. EINFÜHRUNG INS DIGITALE MARKETING

1.1 Grundlagen und Bedeutung für IT-Unternehmen

Stellen Sie sich vor, Sie stünden am Rand einer weiten, unberührten Landschaft, die mit verborgenen Schätzen geradezu übersät ist – eine digitale Goldgrube, die nur darauf wartet, von findigen IT-Unternehmen entdeckt zu werden. Dieses Bild malt nicht nur die Faszination des digitalen Marketings, sondern auch seine Bedeutung für IT-Unternehmen in leuchtenden Farben. Es ist eine Welt, in der strategisches Denken, Kreativität und technologisches Know-how die Schaufeln und Spitzhacken darstellen, mit denen diese Unternehmen tief in das Erdreich bohren können, um ihre ganz persönlichen Goldadern zu finden.

Lassen Sie uns eine Geschichte erzählen, die diese Metapher zum Leben erweckt. Es war einmal ein kleines IT-Unternehmen, das am Rande des digitalen Marktplatzes stand und zusah, wie andere mit ihren reichhaltigen Ernten heimkehrten. Trotz ihrer hervorragenden Produkte und Dienstleistungen schien es, als ob niemand ihren Stand besuchte. Der Wendepunkt kam, als sie beschlossen, die Karte des digitalen Marketings zu studieren – ein Schritt, der sie auf eine Reise führte, die ihr Geschäft für immer verändern sollte. Durch die Anwendung gezielter Strategien wie SEO, Content-Marketing und Social-Media-Kampagnen begannen sie, ihre Botschaft effektiv zu verbreiten. Langsam aber sicher verwandelte sich ihr bisher unbeachteter Stand in eine der meistbesuchten Attraktionen auf dem Marktplatz.

Diese Geschichte illustriert, wie entscheidend digitales Marketing für IT-Unternehmen ist. Es geht nicht nur darum, online präsent zu sein, sondern darum, sichtbar, relevant und ansprechend für eine Zielgruppe zu sein, die täglich mit Informationen überflutet wird. Das digitale Marketing bietet die Werkzeuge und Techniken, um aus der Masse herauszustechen und die richtigen Kunden anzuziehen – es ist die Kunst, die Goldadern in der digitalen Landschaft zu entdecken und zu nutzen.

Die Einführung ins digitale Marketing markiert für IT-Unternehmen den Beginn einer faszinierenden Reise in eine Welt, in der Innovation, Technologie und Kreativität die Hauptrollen spielen. Die Grundlagen dieses facettenreichen Feldes zu verstehen, ist entscheidend, um die vielfältigen Chancen, die das Internet bietet, voll ausschöpfen zu können. Digitales Marketing ist nicht nur ein Werkzeugkasten voller verschiedener Techniken und Methoden wie SEO, Content-Marketing, Social Media und E-Mail-Kampagnen; es ist eine grundlegende Verschiebung in der Art und Weise, wie Unternehmen mit ihren Kunden interagieren und diese an sich binden.

Für IT-Unternehmen, die sich in einem hart umkämpften Markt behaupten müssen, ist die Bedeutung des digitalen Marketings besonders groß. In einer Branche, die von schnellem Wandel und technologischer Innovation geprägt ist, bietet digitales Marketing eine einzigartige Möglichkeit, die eigene Marke zu stärken, die Sichtbarkeit zu erhöhen und letztendlich den Umsatz zu steigern. Durch den gezielten Einsatz digitaler Marketingstrategien können IT-Unternehmen eine direkte Verbindung zu ihrer Zielgruppe herstellen, deren Bedürfnisse und Vorlieben verstehen und maßgeschneiderte Lösungen anbieten, die echten Mehrwert schaffen.

Ein weiterer entscheidender Aspekt des digitalen Marketings ist seine Messbarkeit und Flexibilität. Im Gegensatz zu traditionellen Marketingmethoden ermöglichen digitale Plattformen eine detaillierte Analyse von Kampagnenleistungen in Echtzeit. Dies bedeutet, dass IT-Unternehmen ihre Strategien schnell anpassen können, um maximale Effektivität zu erreichen. Die Fähigkeit, den ROI (Return on Investment) präzise zu messen, ist besonders wertvoll in einer Branche, in der jedes Budget sorgfältig geplant und zugewiesen werden muss.

Die Integration digitaler Marketingstrategien in den Geschäftsplan eines IT-Unternehmens erfordert eine sorgfältige Planung und Ausführung. Es beginnt mit einem tiefen Verständnis der eigenen Marke, der Zielgruppe und der Wettbewerbslandschaft. Von dort aus können spezifische Ziele definiert und Strategien entwickelt werden, die auf die Erreichung dieser Ziele ausgerichtet sind. Ob es darum geht, die Markenbekanntheit zu steigern, Leads zu generieren oder die Kundenbindung zu verbessern, digitales Marketing bietet eine Vielzahl von Wegen, um diese Ziele zu erreichen.

Abschließend lässt sich sagen, dass die Grundlagen und die Bedeutung des digitalen Marketings für IT-Unternehmen nicht unterschätzt werden dürfen. In einer Welt, die zunehmend digitalisiert wird, ist die Fähigkeit, effektive digitale Marketingstrategien zu entwickeln und umzusetzen, kein Luxus, sondern eine Notwendigkeit. Für IT-Unternehmen, die in der digitalen Ära erfolgreich sein wollen, ist die Beherrschung des digitalen Marketings der Schlüssel zum Erfolg.

Digital im Rampenlicht: Wie IT-Unternehmen das digitale Marketing revolutionieren

In der pulsierenden Welt der Informationstechnologie, wo Innovation und Geschwindigkeit den Takt vorgeben, haben IT-Unternehmen das digitale Marketing als unverzichtbaren Verbündeten entdeckt. Weg von traditionellen Marketingansätzen, navigieren sie nun geschickt durch das digitale Universum, um ihre Marken zu stärken und ihre Reichweite zu maximieren. Diese Reportage taucht ein in die Erfolgsgeschichten einiger Vorreiter der Branche und enthüllt, wie digitales Marketing die Spielregeln verändert.

Bei der Betrachtung der Marketingstrategien von führenden IT-Unternehmen fällt eine Gemeinsamkeit auf: eine unerschütterliche Fokussierung auf Daten und Kundenerlebnis. Durch den Einsatz fortschrittlicher Analysetools sind diese Unternehmen in der Lage, tiefgreifende Einblicke in das Verhalten und die Vorlieben ihrer Zielgruppe zu gewinnen. Diese datengetriebene Herangehensweise ermöglicht es ihnen, personalisierte Kampagnen zu erstellen, die nicht nur aufmerksamkeitserregend, sondern auch hochrelevant für ihre Kunden sind.

Ein Schlüsselelement, das immer wieder auftaucht, ist die Bedeutung von Content-Marketing. In einer Welt, in der Content King ist, setzen erfolgreiche IT-Unternehmen auf qualitativ hochwertige, informative und ansprechende Inhalte, um ihre Expertise zu demonstrieren und Vertrauen bei ihrer Zielgruppe aufzubauen. Durch Blogs, Whitepapers, Videos und Social Media erzählen sie Geschichten, die nicht nur informieren, sondern auch inspirieren und engagieren.

Social Media Marketing hat sich ebenfalls als mächtiges Werkzeug erwiesen, um Sichtbarkeit zu erhöhen und eine Community um die Marke herum aufzubauen. IT-Unternehmen nutzen Plattformen wie LinkedIn,

Twitter und Instagram, um Dialoge zu initiieren, Einblicke in ihre Unternehmenskultur zu geben und direktes Feedback von Kunden zu erhalten. Diese Strategie fördert nicht nur die Kundenbindung, sondern verstärkt auch das Gefühl einer gemeinsamen Mission.

Die Herausforderungen des digitalen Marketings in der IT-Branche sind nicht zu unterschätzen. Die rasante Entwicklung neuer Technologien und die ständig wechselnden Kundenbedürfnisse erfordern eine agile und vorausschauende Planung. Die Erfolgsgeschichten zeigen jedoch, dass die Bereitschaft, zu experimentieren und sich anzupassen, der Schlüssel zum Erfolg ist. Indem sie Trends antizipieren und innovative Lösungen anbieten, bleiben diese IT-Unternehmen nicht nur relevant, sondern setzen auch neue Maßstäbe in der digitalen Marketinglandschaft.

Abschließend lässt sich sagen, dass digitales Marketing für IT-Unternehmen weit mehr ist als nur ein Trend. Es ist eine strategische Notwendigkeit, die es ihnen ermöglicht, in der vernetzten Welt von heute erfolgreich zu sein. Durch die Kombination von Technologie, Kreativität und datengesteuerter Strategie schreiben sie die Regeln des Marketings neu – mit beeindruckenden Ergebnissen.

1.2 Digitale Marketingstrategien: Ein Überblick

Stellen Sie sich vor, die digitale Landschaft wäre eine riesige, offene Fläche, bereit, von kühnen Architekten geformt zu werden. In dieser Welt sind IT-Unternehmen die visionären Baumeister, die nicht nur Strukturen errichten, sondern ganze Welten gestalten. Sie nutzen digitale Marketingstrategien als ihre Werkzeuge – so wie Architekten Zirkel und Lineal verwenden –, um beeindruckende Gebilde zu schaffen, die sowohl zweckmäßig als auch ästhetisch ansprechend sind. Jeder Klick, jede Interaktion und jeder geteilte Inhalt fügt sich zu einem beeindruckenden Bauwerk zusammen, das in der virtuellen Landschaft heraussticht.

Diese Architekten der digitalen Welt stehen vor der Herausforderung, ihre Bauwerke so zu gestalten, dass sie nicht nur heute, sondern auch in Zukunft Bestand haben. Die Geschichte eines solchen Architekten, nennen wir ihn Herrn A. Müller, ist besonders inspirierend. Herr Müller begann mit einem kleinen IT-Unternehmen, das in der digitalen Welt kaum sichtbar war.

Er wusste, dass er etwas Außergewöhnliches schaffen musste, um Aufmerksamkeit zu erregen. Also studierte er die Landschaft, verstand die Bedürfnisse seiner Zielgruppe und begann, mit verschiedenen Strategien zu experimentieren: von Suchmaschinenoptimierung über Content-Marketing bis hin zu Social Media Kampagnen.

Mit jedem erfolgreichen Experiment wuchs sein Bauwerk, wurde komplexer und faszinierender. Herr Müller entdeckte, dass die wirkliche Kunst darin bestand, nicht nur auf einzelne Bausteine zu setzen, sondern ein kohärentes Gesamtbild zu erschaffen. Er lernte, dass eine erfolgreiche digitale Marketingstrategie wie ein gut durchdachter Bauplan sein muss: flexibel genug, um sich an verändernde Bedingungen anzupassen, aber solide genug, um die Grundwerte der Marke zu vermitteln und die Zielgruppe dauerhaft zu binden.

Diese Geschichte verdeutlicht die Macht und die Bedeutung digitaler Marketingstrategien in der heutigen Geschäftswelt. Wie Architekten, die die Skyline einer Stadt prägen, formen IT-Unternehmen durch ihre Marketingstrategien die digitale Landschaft. Sie schaffen nicht nur Aufmerksamkeit für ihre Marke, sondern bauen auch langfristige Beziehungen zu ihren Kunden auf – ein Monument, das die Zeit überdauert.

In der dynamischen Welt des Internets sind digitale Marketingstrategien das Rückgrat erfolgreicher IT-Unternehmen. Diese Strategien dienen als Kompass, der Unternehmen durch das komplexe Gefüge des digitalen Raums leitet. Ein Überblick über digitale Marketingstrategien offenbart eine Landschaft, die ständig im Wandel ist, sich an neue Technologien anpasst und auf das sich verändernde Verhalten der Konsumenten reagiert. In diesem Kontext ist es für IT-Unternehmen unerlässlich, ein tiefes Verständnis der verschiedenen Strategien zu entwickeln und zu wissen, wie und wann diese effektiv eingesetzt werden können.

Zu den Kernstrategien des digitalen Marketings gehören Suchmaschinenoptimierung (SEO), Content-Marketing, Social Media Marketing, E-Mail-Marketing und Pay-per-Click-Werbung (PPC). Jede dieser Strategien hat das Potenzial, die Sichtbarkeit eines Unternehmens zu erhöhen, wertvolle Leads zu generieren und letztendlich den Umsatz zu steigern. Die Kunst liegt jedoch darin, diese Strategien so zu kombinieren und anzupassen, dass sie die einzigartigen Ziele und Herausforderungen des Unternehmens widerspiegeln.

SEO ist das Fundament, auf dem digitales Marketing aufbaut. Durch die Optimierung ihrer Websites für Suchmaschinen können IT-Unternehmen sicherstellen, dass ihre Inhalte von potenziellen Kunden gefunden werden. Dies ist besonders wichtig in einem Markt, der von ständiger Innovation und technischem Fortschritt geprägt ist. Content-Marketing ergänzt SEO, indem es wertvolle, relevante Inhalte bereitstellt, die nicht nur die Position in den Suchergebnissen verbessern, sondern auch das Engagement und Vertrauen der Zielgruppe fördern.

Social Media Marketing bietet eine Plattform für direkte Interaktion und Engagement mit der Zielgruppe. Durch die Präsenz auf Plattformen wie LinkedIn, Twitter und Facebook können IT-Unternehmen ihre Markenpersönlichkeit zum Ausdruck bringen, Einblicke in ihre Unternehmenskultur geben und wertvolle Beziehungen zu Kunden und Partnern aufbauen. E-Mail-Marketing bleibt ein leistungsstarkes Werkzeug, um personalisierte Nachrichten direkt an die Inbox potenzieller Kunden zu senden, während PPC-Werbung schnelle Sichtbarkeit und gezielten Traffic generiert.

Die Herausforderung und gleichzeitig die Schönheit digitaler Marketingstrategien liegt in ihrer Vielfalt und Flexibilität. Keine zwei Unternehmen sind gleich, und daher muss jede Strategie sorgfältig auf die spezifischen Bedürfnisse und Ziele des Unternehmens zugeschnitten werden. Erfolgreiche IT-Unternehmen sind jene, die es verstehen, Daten zu nutzen, um ihre Strategien kontinuierlich zu verfeinern und anzupassen. Sie halten Schritt mit den neuesten Trends und Technologien, experimentieren mit neuen Ansätzen und lernen aus jedem Erfolg und Misserfolg.

Abschließend lässt sich sagen, dass ein umfassendes Verständnis digitaler Marketingstrategien entscheidend für den Erfolg von IT-Unternehmen in der heutigen digitalen Ära ist. Indem sie die richtigen Strategien geschickt einsetzen, können sie nicht nur ihre Online-Präsenz stärken, sondern auch nachhaltige Beziehungen zu ihrer Zielgruppe aufbauen und letztendlich ihr Geschäftswachstum vorantreiben.

Fallstudie: Die Transformation von TechNova – Ein digitaler Marketingtriumph

Hintergrund: TechNova, ein mittelständisches IT-Unternehmen, sah sich trotz seines innovativen Produktangebots mit stagnierenden Verkaufszahlen und geringer Markensichtbarkeit konfrontiert. Die Herausforderung bestand darin, die Online-Präsenz zu stärken, die Zielgruppe effektiver zu erreichen und letztlich das Geschäftswachstum zu fördern.

Strategie: TechNova entschied sich für eine umfassende Überarbeitung seiner digitalen Marketingstrategie, die auf einer detaillierten Analyse der Zielgruppe und der Wettbewerbslandschaft basierte. Die Strategie umfasste drei Hauptpfeiler: Suchmaschinenoptimierung (SEO), Content-Marketing und Social Media Marketing.

1. **SEO**: Durch die Optimierung der Website für relevante Suchbegriffe verbesserte TechNova seine Sichtbarkeit in den Suchergebnissen signifikant. Dies umfasste technische Verbesserungen, die Erstellung von qualitativ hochwertigem Content und den Aufbau einer soliden Backlink-Struktur.

2. **Content-Marketing**: Das Unternehmen startete einen Blog, um Fachwissen zu teilen, Lösungen für branchenspezifische Probleme zu bieten und die neuesten Trends zu diskutieren. Diese Inhalte wurden strategisch genutzt, um Traffic auf die Website zu lenken und die Positionierung von TechNova als Branchenexperte zu stärken.

3. **Social Media Marketing**: TechNova aktivierte seine Präsenz auf Plattformen wie LinkedIn und Twitter, um mit seiner Zielgruppe in Dialog zu treten, Markenbewusstsein zu schaffen und Traffic auf seine Website zu lenken. Die Kampagnen waren auf Interaktion ausgerichtet und umfassten regelmäßige Updates, interaktive Inhalte und gezielte Werbung.

Ergebnisse: Innerhalb von zwölf Monaten führten diese strategischen Maßnahmen zu einer deutlichen Steigerung der Website-Besucherzahlen, einer erhöhten Engagement-Rate auf Social Media und einer signifikanten Verbesserung der Lead-Generierung. Die Verkaufszahlen von TechNova stiegen um 40 %, und das Unternehmen konnte seine Position im Markt festigen.

Schlussfolgerung: Die Fallstudie von TechNova zeigt eindrucksvoll, wie eine gut durchdachte digitale Marketingstrategie das Geschäftswachstum eines IT-Unternehmens vorantreiben kann. Durch die Kombination von SEO, Content-Marketing und Social Media Marketing gelang es TechNova, seine Online-Präsenz zu stärken, wertvolle Beziehungen zu seiner Zielgruppe aufzubauen und letztendlich seinen Umsatz signifikant zu steigern. Diese Erfolgsgeschichte unterstreicht die Bedeutung einer integrierten digitalen Marketingstrategie in der heutigen digital vernetzten Welt.

2. STRATEGISCHE PLANUNG UND ZIELSET-ZUNG

2.1 Definition von Marketingzielen

In der faszinierenden Welt des digitalen Marketings stehen IT-Unternehmen als visionäre Architekten da, deren Aufgabe es ist, nicht nur Strukturen zu bauen, sondern echte Monumente des Erfolgs in der digitalen Landschaft zu errichten. Diese Architekten des Erfolgs beginnen ihr Werk jedoch nicht mit dem ersten Stein, sondern mit einem detaillierten und wohlüberlegten Bauplan: der Definition ihrer Marketingziele. Diese Ziele sind die Grundlage für alles, was folgt, und bestimmen die Richtung, in die sich ihre Anstrengungen und Ressourcen bewegen werden.

Lassen Sie uns die Geschichte von Frau L. Bauer, einer Geschäftsführerin eines aufstrebenden IT-Unternehmens, erzählen. Frau Bauer stand vor der Herausforderung, ihr Unternehmen in einem hart umkämpften Markt zu positionieren. Sie wusste, dass ohne klare, messbare und erreichbare Ziele jegliche Bemühungen im digitalen Marketing vergebens sein könnten. Also setzte sie sich mit ihrem Team zusammen, um ihre Vision in konkrete Ziele umzuwandeln. Diese Ziele reichten von der Steigerung der Markenbekanntheit über die Verbesserung der Kundenzufriedenheit bis hin zur Erhöhung der Konversionsraten.

Die Arbeit von Frau Bauer und ihrem Team ähnelte der eines Architekten, der sorgfältig jeden Aspekt seines Entwurfs plant, bevor der Bau beginnt. Sie verstanden, dass jedes Ziel wie ein Pfeiler ihres zukünftigen Erfolgsmonuments war, das fest im Boden der Realität verankert sein musste, um das Gewicht der darauf aufbauenden Strategien tragen zu können. Durch die Definition spezifischer, messbarer, erreichbarer, relevanter und zeitgebundener (SMART) Ziele schufen sie ein solides Fundament für ihre digitalen Marketingbemühungen.

Diese Geschichte verdeutlicht die Macht und Bedeutung der Definition von Marketingzielen im digitalen Zeitalter. Wie Architekten, die sorgfältig jeden Winkel und jede Linie ihrer Entwürfe bedenken, müssen IT-Unternehmen ihre Marketingziele mit Bedacht wählen. Diese Ziele sind nicht nur Wegweiser, die den Pfad zum Erfolg weisen, sondern auch Maßstäbe, an denen der Fortschritt gemessen und bewertet werden kann. Sie ermöglichen es Unternehmen, ihre Ressourcen effizient einzusetzen, ihre Strategien kontinuierlich zu optimieren und letztlich beeindruckende Erfolge in der digitalen Welt zu erzielen.

Die strategische Planung und Zielsetzung im digitalen Marketing ist für IT-Unternehmen ein entscheidender Schritt, um ihre Visionen in greifbare Ergebnisse zu übersetzen. Die Definition von Marketingzielen ist dabei der Ausgangspunkt, der Richtung und Fokus gibt. Diese Ziele sind nicht bloß Wunschvorstellungen, sondern fungieren als klare Leitsterne, die das Unternehmen auf seinem Weg durch das oft turbulente digitale Meer leiten.

Die Kunst der Zielsetzung im digitalen Marketing liegt darin, Ambition mit Machbarkeit zu vereinen. Ziele müssen spezifisch, messbar, erreichbar, relevant und zeitgebunden (SMART) sein. Für IT-Unternehmen bedeutet dies, dass jedes Ziel direkt an die übergeordneten Geschäftsziele angebunden sein sollte. Ob es darum geht, die Bekanntheit der Marke zu steigern, die Anzahl der Leads zu erhöhen, die Conversion-Rate zu verbessern oder die Kundenbindung zu stärken – jedes Ziel dient als Baustein für den übergeordneten Erfolg.

Ein wesentlicher Aspekt bei der Definition von Marketingzielen ist die Fähigkeit, den Erfolg messbar zu machen. IT-Unternehmen müssen festlegen, welche Kennzahlen (Key Performance Indicators, KPIs) herangezogen werden, um den Fortschritt zu messen. Dies könnte die Anzahl der Website-Besucher, die Rate der Neukundenakquise, Engagement-Raten auf Social Media oder die Höhe des durch digitale Kanäle generierten Umsatzes umfassen. Durch die Festlegung dieser KPIs können Unternehmen nicht nur den Erfolg ihrer Kampagnen bewerten, sondern auch strategische Anpassungen vornehmen, um ihre Ziele effizienter zu erreichen.

Darüber hinaus erfordert die Definition von Marketingzielen eine tiefe Kenntnis der Zielgruppe. IT-Unternehmen müssen verstehen, wer ihre Kunden sind, was sie benötigen und wie sie am besten erreicht werden können. Dieses Verständnis ist entscheidend, um Ziele zu setzen, die nicht nur realistisch, sondern auch hochgradig relevant für die Zielgruppe sind. Die Segmentierung der Zielgruppe und die Anpassung der Ziele an die Bedürfnisse und Vorlieben jedes Segments kann die Effektivität der Marketingbemühungen erheblich steigern.

Die strategische Planung und Zielsetzung im digitalen Marketing ist also ein komplexer Prozess, der eine sorgfältige Analyse und detaillierte Planung erfordert. Für IT-Unternehmen, die in der digitalen Welt erfolgreich sein wollen, ist es unerlässlich, diesen Prozess ernst zu nehmen und Marketingziele zu definieren, die nicht nur ambitioniert, sondern auch durchführbar, messbar und an die Bedürfnisse ihrer Kunden angepasst sind. So wird die Grundlage für nachhaltigen Erfolg im digitalen Marketing gelegt.

2.2 Zielgruppenanalyse und Segmentierung

Stellen Sie sich vor, vor Ihnen liegt ein riesiges, buntes Mosaik, dessen einzelne Steine in der Sonne glitzern. Jeder Stein repräsentiert eine Facette des Marktes, eine einzigartige Gruppe von Konsumenten mit eigenen Wünschen, Bedürfnissen und Vorlieben. Die Aufgabe, dieses Mosaik zusammenzusetzen, mag zunächst überwältigend wirken. Doch genau hier liegt die Essenz der Zielgruppenanalyse und Segmentierung im digitalen Marketingzeitalter. Es ist ein kunstvolles Unterfangen, das Geduld, Präzision und ein tiefes Verständnis für die menschliche Natur erfordert.

Diese Aufgabe gleicht der Arbeit eines erfahrenen Mosaikkünstlers, der genau weiß, wie er die einzelnen Steine auswählen und platzieren muss, um ein meisterhaftes Gesamtbild zu erschaffen. Für Marketingstrategen bedeutet dies, in die Tiefe zu gehen, um die subtilen Nuancen und unerzählten Geschichten hinter jeder Zielgruppe zu entdecken. Sie analysieren Daten, beobachten Verhaltensmuster und hören auf die leisen Stimmen der Kunden, um jede Gruppe effektiv anzusprechen und zu engagieren.

Das Ergebnis dieser sorgfältigen Arbeit ist nicht nur ein visuell ansprechendes Bild, sondern auch eine starke, resonante Botschaft, die genau auf die Bedürfnisse und Wünsche jeder Zielgruppe zugeschnitten ist. Dieses Mosaik des Markterfolgs, sorgfältig Stein für Stein zusammengesetzt, offenbart die wahre Schönheit und Kraft einer wohlüberlegten Marketingstrategie.

Im Herzen des digitalen Marketings liegt ein prächtiges Mosaik, dessen jedes Teilchen eine spezifische Gruppe von Konsumenten darstellt. Diese Kunst, die Zielgruppenanalyse und Segmentierung, ist von entscheidender Bedeutung, um die richtigen Kunden anzusprechen und die Effektivität von Marketingkampagnen zu maximieren. In einer Ära, in der die Informationsflut und die Vielfalt der Medienkanäle stetig zunehmen, ist es für IT-Unternehmen unerlässlich, ihre Zielgruppen genau zu kennen und zu verstehen.

Die Zielgruppenanalyse beginnt mit dem Sammeln und Auswerten von Daten, die ein umfassendes Bild der potenziellen Kunden zeichnen. Dazu gehören demografische Informationen wie Alter, Geschlecht, Einkommen und Bildungsniveau, aber auch psychografische Daten, die Aufschluss über Interessen, Vorlieben und Lebensstile geben. Diese Informationen sind das Fundament, auf dem die Segmentierung aufbaut. Segmentierung bedeutet, den Markt in klar definierte und messbare Gruppen zu unterteilen, die durch spezifische Bedürfnisse und Verhaltensweisen gekennzeichnet sind. Dies ermöglicht es Unternehmen, maßgeschneiderte Marketingstrategien zu entwickeln, die resonieren und echten Wert bieten.

Doch die Herausforderung liegt nicht nur in der Sammlung dieser Daten, sondern auch in ihrer Interpretation. Hier kommt die Kunst ins Spiel. Wie ein Mosaikkünstler, der aus Tausenden von Steinen wählt, müssen Marketingstrategen entscheiden, welche Datenstücke relevant sind und wie sie kombiniert werden können, um das vollständige Bild ihrer Zielgruppe zu erstellen. Diese Detailarbeit erfordert nicht nur analytische Fähigkeiten, sondern auch Kreativität und Einfühlungsvermögen, um die tieferen Bedürfnisse und Wünsche der Kunden zu verstehen.

Die Anwendung der Zielgruppenanalyse und Segmentierung reicht weit über die Grundlagen hinaus. Sie ermöglicht es Unternehmen, personalisierte Erfahrungen zu schaffen, die Kundenbindung zu stärken und letztendlich die Konversionsraten zu erhöhen. Durch gezielte Ansprache können Ressourcen effizienter genutzt und die Marketing-ROI deutlich verbessert werden. Darüber hinaus hilft ein tiefes Verständnis der Zielgruppen, Produktentwicklungen und Dienstleistungen zu innovieren, indem sie direkt auf die Bedürfnisse und Wünsche der Kunden abgestimmt werden.

In der heutigen schnelllebigen digitalen Welt ist die Zielgruppenanalyse und Segmentierung daher nicht nur eine Methode zur Markterschließung, sondern eine Notwendigkeit für jedes IT-Unternehmen, das sich in einem hart umkämpften Markt behaupten will. Wie die sorgfältige Platzierung jedes Steines in einem Mosaik trägt jede durchdachte Entscheidung in der Segmentierung zum Gesamterfolg bei. So entsteht ein meisterhaftes Kunstwerk, das nicht nur die Schönheit der Diversität widerspiegelt, sondern auch die Stärke gezielter Kommunikation und tiefen Kundenverständnisses.

Ein lebendiges Beispiel

In der faszinierenden Welt des digitalen Marketings nimmt die Geschichte eines kleinen, aber ambitionierten IT-Startups den Leser mit auf eine spannende Reise durch die Tiefen der Zielgruppenanalyse und Segmentierung. Unser Protagonist, die Gründerin Laura M., stand vor der gewaltigen Herausforderung, ihr frisch aus der Taufe gehobenes Unternehmen in einem Meer von Wettbewerbern sichtbar zu machen. Ihre Waffe? Eine unerschütterliche Entschlossenheit und die geheimen Codes der Marktsegmentierung.

Laura begann ihre Mission mit einer einfachen, aber kraftvollen Erkenntnis: Um erfolgreich zu sein, musste sie nicht nur ihre Produkte verstehen, sondern vor allem die Menschen, die sie verwenden würden. Sie tauchte in die Welt der Datenanalyse ein, bewaffnet mit Werkzeugen und Techniken, um die Sprache ihres Publikums zu entschlüsseln. Was sind ihre Bedürfnisse? Ihre Wünsche? Wie nutzen sie Technologie in ihrem Alltag? Laura suchte nach Antworten in sozialen Medien, Foren, Umfragen und sogar in direkten Gesprächen.

Mit jeder gesammelten Information fügte Laura einen weiteren Stein zu ihrem Mosaik hinzu. Sie entdeckte Muster und Trends, die ihr halfen, nicht nur eine, sondern mehrere Zielgruppen zu identifizieren, die von ihrem Produkt profitieren könnten. Sie lernte, dass junge Unternehmer andere Bedürfnisse hatten als etablierte Firmen und dass innerhalb dieser Gruppen weitere Feinsegmentierungen möglich waren. Laura entwickelte maßgeschneiderte Marketingstrategien für jede Gruppe, personalisierte ihre Botschaften und schuf relevante Inhalte, die resonierten.

Das Ergebnis? Lauras Startup begann zu wachsen. Die gezielte Ansprache führte zu erhöhtem Engagement, verbesserten Konversionsraten und einer treuen Kundengemeinschaft, die nicht nur ihre Produkte nutzte, sondern auch leidenschaftlich darüber sprach. Lauras Geschichte zeigt, dass die Zielgruppenanalyse und Segmentierung weit mehr als nur Marketinginstrumente sind; sie sind der Schlüssel zum Aufbau echter Beziehungen zwischen Marken und Menschen.

Diese Geschichte ist ein lebendiges Beispiel dafür, wie die sorgfältige Analyse und Segmentierung der Zielgruppe nicht nur einem IT-Startup zum Erfolg verhelfen, sondern auch als Inspirationsquelle für alle digitalen Marketer dienen kann. Sie betont die Bedeutung von Empathie, Geduld und der Bereitschaft, tief in die Welt der Daten einzutauchen, um die wahre Essenz der Zielgruppe zu erfassen. Lauras Erfolg liegt in der Erkenntnis, dass jedes Detail zählt und dass in der Komplexität und Vielfalt des Marktes wahre Schönheit und unendliche Möglichkeiten liegen.

2.3 Wettbewerbsanalyse und Positionierung

In der stillen Arena des Marktes, wo der Wettbewerb unaufhörlich tobt, gleicht das digitale Marketing einem hochstrategischen Schachspiel. Hier, wo jede Bewegung, jede Positionierung zählt, sind die Unternehmen wie Schachmeister, die geduldig ihre Strategien planen, die Züge ihrer Konkurrenten dechiffrieren und nach dem entscheidenden Vorteil suchen, der ihnen den Sieg sichern wird. Diese sorgfältige Kunst der Wettbewerbsanalyse und Positionierung ist für jedes IT-Unternehmen von entscheidender Bedeutung, das in der digitalen Arena nicht nur überleben, sondern dominieren möchte.

Der erste Zug in diesem Schachspiel der Märkte beginnt mit der Wettbewerbsanalyse. Wie ein Schachmeister, der das Brett studiert, analysieren Unternehmen die Stärken, Schwächen, Strategien und Bewegungen ihrer Gegner. Diese tiefgreifende Analyse ist kein einfaches Unterfangen; sie erfordert akribische Forschung, die Fähigkeit, große Datenmengen zu interpretieren, und die Weitsicht, Trends zu erkennen, bevor sie sich voll entfalten. Ziel ist es, Chancen zu identifizieren, die von anderen übersehen werden, und Bedrohungen zu erkennen, bevor sie sich manifestieren.

Doch das Wissen allein genügt nicht. Die wahre Kunst liegt in der Positionierung – dem geschickten Platzieren der eigenen Figuren auf dem Brett, um eine dominante Stellung zu erobern. Für IT-Unternehmen bedeutet dies, eine Marke und Angebote zu schaffen, die nicht nur einzigartig, sondern auch unverwechselbar ansprechend für die Zielgruppe sind. Es geht darum, eine Position zu finden, die so vorteilhaft ist, dass sie den Kunden gegenüber den Angeboten der Konkurrenz als die überlegene Wahl erscheint.

Die Positionierung ist dabei mehr als nur ein Alleinstellungsmerkmal; sie ist eine Erklärung, ein Versprechen an den Markt, das deutlich macht, warum ein Unternehmen die beste Wahl ist. Es ist ein strategischer Zug, der mit Bedacht gewählt werden muss, denn er bestimmt die Richtung für alle zukünftigen Marketingbemühungen und Produktentwicklungen. Wie im Schach ist Flexibilität gefragt; die Fähigkeit, die Strategie anzupassen und zu verfeinern, basierend auf dem sich ständig verändernden Spielbrett des Marktes.

In diesem spannenden Spiel der Wettbewerbsanalyse und Positionierung sind die erfolgreichsten Unternehmen jene, die nicht nur ihre Konkurrenten genau beobachten, sondern auch die Regeln des Spiels verstehen und zu ihrem Vorteil nutzen können. Sie sind die Schachmeister des Marktes, die mit jeder Bewegung, jeder Entscheidung, das Spiel zu ihren Gunsten wenden. Für IT-Unternehmen, die in der heutigen digitalen Wirtschaft erfolgreich sein wollen, ist es unerlässlich, diese Kunst zu beherrschen, um nicht nur einen Schritt voraus zu sein, sondern das ganze Spiel zu dominieren.

Im digitalen Zeitalter, wo der Markt einem Schachbrett gleicht und die Unternehmen die Spieler sind, wird die Wettbewerbsanalyse und Positionierung zur entscheidenden Schlacht um Vorherrschaft und Differenzierung. IT-Unternehmen stehen vor der Herausforderung, nicht nur ihre Konkurrenten zu überblicken, sondern auch eine Position zu finden, die ihnen einen unbestreitbaren Vorteil verschafft. Diese strategische Disziplin ist weniger ein Kampf der Produkte als vielmehr ein Kampf der Wahrnehmungen, ein Duell der Intelligenzen, bei dem die tiefere Kenntnis des Gegners und des Spielfelds den Ausschlag gibt.

Die Wettbewerbsanalyse ist der erste Schritt in diesem komplexen Spiel. Sie erfordert eine detaillierte Untersuchung der Konkurrenten, um deren Stärken, Schwächen, Strategien und potenzielle Züge zu verstehen. Doch es geht nicht nur darum, Informationen zu sammeln. Die wahre Kunst liegt in der Fähigkeit, diese Daten zu deuten, Muster zu erkennen und Vorhersagen zu treffen. Hierbei spielen Tools und Techniken der modernen Datenanalyse eine entscheidende Rolle, indem sie Einblicke in das Verhalten der Wettbewerber und die Dynamik des Marktes liefern.

Parallel zur Wettbewerbsanalyse ist die Positionierung ein kritischer Prozess. Sie ist die strategische Entscheidung, wie ein Unternehmen sich selbst im Markt darstellen will, welche Werte und Versprechen es kommuniziert und wie es sich von seinen Konkurrenten abhebt. Eine erfolgreiche Positionierung beruht auf Einzigartigkeit, Relevanz und Klarheit. Sie definiert, wie Kunden das Unternehmen und seine Produkte wahrnehmen und beeinflusst direkt ihre Kaufentscheidungen. Die Positionierung zu finden, die resoniert und gleichzeitig authentisch ist, erfordert ein tiefes Verständnis der eigenen Stärken, der Kundenbedürfnisse und der Marktbedingungen.

Die Schnittstelle zwischen Wettbewerbsanalyse und Positionierung ist der Ort, an dem strategische Entscheidungen getroffen werden. Es ist der Moment, in dem Unternehmen entscheiden, auf welchen Feldern sie spielen und wie sie ihre Züge gestalten, um nicht nur zu überleben, sondern zu florieren. Diese Entscheidungen sind selten endgültig; sie müssen kontinuierlich überprüft und angepasst werden, um auf Veränderungen im Markt und bei den Wettbewerbern zu reagieren.

Die erfolgreiche Anwendung dieser Strategien erfordert ein Team, das sowohl analytisch als auch kreativ denkt, ein Team, das fähig ist, sowohl die großen Datenmengen zu meistern als auch die feinen Nuancen der menschlichen Psychologie zu verstehen. Denn im Endeffekt ist das Ziel der Wettbewerbsanalyse und Positionierung nicht nur, sich von der Konkurrenz abzuheben, sondern eine tiefe und dauerhafte Verbindung zu den Kunden aufzubauen.

In diesem Sinne agieren IT-Unternehmen als Schachmeister des Marktes, die strategische Positionen einnehmen, um ihre Ziele zu erreichen. Sie nutzen jede Gelegenheit, um ihre Marke zu stärken, ihre Botschaft zu verfeinern und letztlich den Wert ihres Angebots zu maximieren. Der Erfolg in diesem Spiel hängt nicht nur von der Fähigkeit ab, den nächsten Zug zu planen, sondern auch von der Weisheit, das gesamte Spielbrett zu überblicken und die Zukunft zu antizipieren.

Die Geschichte von David G.

Im Schatten der gigantischen Türme der Technologiebranche erzählt die Geschichte von David G., einem unerschrockenen Unternehmer, der sich vornahm, mit seinem neu gegründeten IT-Startup die Regeln des Spiels zu ändern. Diese Erzählung ist nicht nur eine Hommage an den unternehmerischen Geist, sondern auch ein lehrreiches Exempel über die Macht der Wettbewerbsanalyse und Positionierung in der digitalen Ära.

David stand vor einer schier unüberwindbaren Aufgabe: Wie konnte er sich in einem Markt behaupten, der von etablierten Giganten dominiert wurde? Seine Antwort lag nicht im direkten Konflikt, sondern in der Kunst des strategischen Ausweichens und der intelligenten Positionierung. David wusste, dass sein Unternehmen weder die Ressourcen noch die Bekanntheit hatte, um in den üblichen Arenen zu konkurrieren. Stattdessen entschied er sich für einen anderen Weg: Er analysierte die Wettbewerbslandschaft mit akribischer Genauigkeit, identifizierte Nischen, die von den Großen übersehen wurden, und positionierte sein Unternehmen gezielt in diesen Segmenten.

Die Geschichte von David ist eine Lektion in strategischer Weitsicht. Er nutzte Datenanalyse-Tools, um Einblicke in das Verhalten und die Bedürfnisse der Kunden zu gewinnen, die von den großen Playern ignoriert wurden. Er verstand, dass Erfolg nicht immer bedeutet, der Größte zu sein, sondern oft der Klügste. Seine Strategie fokussierte sich auf die Schaffung eines einzigartigen Wertangebots, das sich deutlich von dem unterschied, was auf dem Markt bereits vorhanden war. Durch diese kluge Positionierung gelang es David, eine loyale Kundenbasis aufzubauen, die die spezifischen Lösungen seines Unternehmens schätzte.

Davids Triumph ist auch eine Geschichte über die Bedeutung der Anpassungsfähigkeit und des kontinuierlichen Lernens. Er blieb wachsam gegenüber Veränderungen im Markt und bei den Wettbewerbern, bereit, seine Strategien anzupassen, um seinen Platz in der sich ständig wandelnden Landschaft des digitalen Marketings zu behaupten. Sein Erfolg demonstriert eindrucksvoll, wie entscheidend es ist, nicht nur die Konkurrenz zu analysieren, sondern auch mutig genug zu sein, sich von der Masse abzuheben und eine eigene Nische zu besetzen.

Diese Erzählung dient als Inspiration und als strategischer Leitfaden für alle IT-Unternehmer, die vor der Herausforderung stehen, sich in einem überfüllten Markt zu behaupten. Sie unterstreicht die Notwendigkeit, über den Tellerrand hinauszuschauen, den Mut zu haben, anders zu sein, und die Bedeutung, seine eigenen Stärken zu kennen und zu nutzen. David G.s Geschichte lehrt uns, dass mit der richtigen Mischung aus Wettbewerbsanalyse, kreativer Positionierung und unerschütterlichem Glauben an die eigene Vision, auch kleinere Unternehmen in der Lage sind, Großes zu erreichen.

3. CONTENT-MARKETING

3.1 Content-Strategie Entwicklung

Stellen Sie sich ein Orchester vor, das sich auf der Bühne versammelt hat, bereit, sein Publikum mit einer atemberaubenden Aufführung zu begeistern. Doch etwas Entscheidendes fehlt – der Dirigent. Jeder Musiker beginnt zu spielen, doch ohne die leitende Hand des Dirigenten verliert sich die Musik schnell in einem Wirrwarr aus Tönen. Die Geiger folgen ihrem eigenen Tempo, die Bläser setzen zu unterschiedlichen Zeiten ein, und die Perkussionisten scheinen ganz aus dem Rhythmus zu fallen. Das Publikum, zunächst erwartungsvoll, tauscht bald verwirrte Blicke aus, als die Harmonie, die sie erwartet hatten, zu einem chaotischen Gemisch verschmilzt.

Diese Szene ist eine perfekte Metapher für die Entwicklung einer Content-Strategie im digitalen Marketing. Ohne eine zentrale Strategie – den Dirigenten, der den Einsatz vorgibt und für Harmonie sorgt – kann selbst das talentierteste Marketingteam nicht effektiv zusammenarbeiten. Jede Kampagne, jeder Beitrag, jedes Stück Content mag für sich genommen wertvoll sein, aber ohne eine übergreifende Strategie, die die Richtung vorgibt und sicherstellt, dass alle Teile auf ein gemeinsames Ziel hinarbeiten, ist das Ergebnis verwirrend statt überzeugend.

Eine gut entwickelte Content-Strategie funktioniert wie ein Dirigent. Sie gibt den Takt vor, sorgt für Einheitlichkeit und stellt sicher, dass jede Marketingaktion in Einklang mit den Unternehmenszielen steht. Sie hilft zu bestimmen, wann es Zeit ist für eine laute, auffallende Kampagne oder für einen leisen, nachdenklichen Beitrag. Mit einer klaren Strategie kann ein Unternehmen seine Botschaft kohärent und überzeugend übermitteln, die Zielgruppe effektiv erreichen und letztendlich seine Marketingziele erfolgreich umsetzen.

Die Entwicklung einer Content-Strategie ist also nicht einfach ein weiterer Punkt auf der To-do-Liste des Marketings; es ist der Schlüssel zur Schaffung einer Symphonie aus Content, die Resonanz findet, begeistert und das Publikum – Ihre Kunden – immer wieder für eine Zugabe zurückkommen lässt.

In der Welt des digitalen Marketings ist eine gut durchdachte Content-Strategie das A und O für den Erfolg. Sie ist der Kompass, der IT-Unternehmen dabei leitet, relevante, ansprechende und wertvolle Inhalte zu erstellen, die nicht nur die Aufmerksamkeit ihrer Zielgruppe auf sich ziehen, sondern diese auch langfristig binden. Die Entwicklung einer solchen Strategie erfordert jedoch mehr als nur Kreativität und ein gutes Gespür für Trends. Sie verlangt nach einer systematischen Herangehensweise, die auf soliden Daten, tiefgreifendem Verständnis der Zielgruppe und klar definierten Zielen basiert.

Der erste Schritt in Richtung einer erfolgreichen Content-Strategie ist die Definition klarer Marketingziele. Was soll mit dem Content erreicht werden? Geht es darum, die Markenbekanntheit zu steigern, Leads zu generieren oder die Kundenbindung zu erhöhen? Diese Ziele müssen SMART sein: spezifisch, messbar, erreichbar, relevant und zeitgebunden. Ohne solche Zielvorgaben gleicht der Content-Produktionsprozess einem Schiff ohne Ruder – es mag vorankommen, aber die Richtung bleibt dem Zufall überlassen.

Nachdem die Ziele festgelegt sind, folgt die Zielgruppenanalyse. Hierbei geht es darum, ein tiefes Verständnis für die Bedürfnisse, Interessen und Schmerzpunkte der potenziellen Kunden zu entwickeln. Detaillierte Buyer Personas helfen dabei, den Content so zu gestalten, dass er resoniert und Relevanz erzeugt. Dieser Schritt ist entscheidend, denn nur wer seine Zielgruppe genau kennt, kann Inhalte erstellen, die wie maßgeschneidert wirken.

Ein weiterer wesentlicher Aspekt der Content-Strategie ist die Wettbewerbsanalyse. Sie gibt Aufschluss darüber, wie sich das eigene Unternehmen vom Wettbewerb abheben kann. Durch die Analyse der Content-Strategien der Konkurrenz lassen sich Lücken im eigenen Angebot identifizieren und Chancen für die Positionierung herausarbeiten. Das Ziel ist es, einen einzigartigen Content-Wertversprechen zu entwickeln, der die eigene Marke von anderen unterscheidet und eine eindeutige Position im Markt sichert.

Mit diesen Grundlagen kann nun der Rahmen für die Content-Strategie abgesteckt werden. Dazu gehört die Entscheidung über Themenfelder, die für die Zielgruppe von Interesse sind, und über die Formate, die am besten geeignet sind, diese Themen zu vermitteln – sei es durch Blogbeiträge, Videos, Infografiken oder Podcasts. Auch die Wahl der Vertriebskanäle spielt eine Rolle: Wo verbringt die Zielgruppe ihre Zeit online, und über welche Plattformen können sie am effektivsten erreicht werden?

Zu guter Letzt ist es wichtig, Methoden zur Messung und Analyse des Erfolgs der Content-Strategie festzulegen. Key Performance Indicators (KPIs) wie Traffic, Engagement-Raten, Lead-Generierung und Konversionsraten bieten wertvolle Einblicke in die Wirksamkeit der Inhalte und ermöglichen es, die Strategie kontinuierlich zu optimieren.

Die Entwicklung einer Content-Strategie ist ein komplexer Prozess, der Weitsicht, Planung und Flexibilität erfordert. Doch die Mühe lohnt sich: Eine gut konzipierte Content-Strategie ist der Schlüssel zu effektivem digitalem Marketing, das nicht nur Aufmerksamkeit erregt, sondern echten Mehrwert für das Unternehmen und seine Kunden schafft.

Die unsichtbare Kraft hinter dem Erfolg: Wie eine durchdachte Content-Strategie IT-Unternehmen auf die Überholspur bringt

In der digitalen Ära, wo Information überflutung und Werbereizüberflutung an der Tagesordnung stehen, ist es für IT-Unternehmen eine Herausforderung, sich durchzusetzen und die Aufmerksamkeit ihrer Zielgruppe zu gewinnen. Doch es gibt eine unsichtbare Kraft, die entscheidend zum Erfolg beiträgt: eine gut durchdachte Content-Strategie. Anhand des Beispiels der Tech-Firma "InnovateIT" lässt sich eindrucksvoll demonstrieren, wie eine solche Strategie das Spiel verändern kann.

"InnovateIT", ein mittelständisches IT-Unternehmen, sah sich in einem hart umkämpften Markt mit stagnierendem Wachstum konfrontiert. Die herkömmlichen Marketingansätze brachten nicht mehr die gewünschten Ergebnisse, und die Sichtbarkeit der Marke ließ zu wünschen übrig. Die Wende kam, als das Unternehmen beschloss, seine Content-Strategie grundlegend zu überdenken und neu zu gestalten.

Der erste Schritt war die Definition klarer Ziele: Steigerung der Markenbekanntheit, Positionierung als Thought Leader in der Branche und Generierung von qualifizierten Leads. Mit diesen Zielen vor Augen entwickelte "InnovateIT" Buyer Personas, um ein tiefgreifendes Verständnis für die Bedürfnisse und Herausforderungen seiner Zielgruppe zu gewinnen. Die Wettbewerbsanalyse offenbarte zudem ungenutzte Nischen und Themen, die von Konkurrenten vernachlässigt wurden.

Ausgestattet mit diesen Erkenntnissen, kreierte das Unternehmen einen Content-Plan, der auf die Interessen und Probleme seiner Zielgruppe einging. Es wurden verschiedene Content-Formate genutzt, von Blogbeiträgen über Videos bis hin zu Webinaren, um die Themen auf greifbare und ansprechende Weise zu präsentieren. Die Distribution wurde sorgfältig geplant, mit einem Fokus auf Plattformen, auf denen die Zielgruppe aktiv war.

Das Ergebnis war verblüffend. Innerhalb von sechs Monaten verzeichnete "InnovateIT" einen signifikanten Anstieg der Website-Besuche, eine Verdoppelung der Lead-Generierung und eine spürbare Steigerung der Markenbekanntheit. Die Content-Strategie ermöglichte es dem Unternehmen, sich als vertrauenswürdiger Experte zu etablieren, der echten Mehrwert bietet – und das zahlt sich aus.

Die Erfolgsgeschichte von "InnovateIT" zeigt eindrücklich, dass eine durchdachte Content-Strategie weit mehr ist als nur ein Marketinginstrument. Sie ist eine grundlegende Säule für den Erfolg im digitalen Zeitalter, die es Unternehmen ermöglicht, sich von der Konkurrenz abzuheben, eine starke Beziehung zu ihrer Zielgruppe aufzubauen und nachhaltiges Wachstum zu erzielen.

3.2 Erstellung und Management von Inhalten

Die Erstellung und das Management von Inhalten stehen im Herzen jeder erfolgreichen Content-Strategie. In einer Welt, in der jeder Klick, jede Ansicht und jedes Engagement zählt, reicht es nicht mehr aus, einfach nur Inhalte zu produzieren; vielmehr müssen diese Inhalte resonieren, informieren und überzeugen. Für IT-Unternehmen, die in einem hart umkämpften digitalen Ökosystem agieren, ist die Fähigkeit, qualitativ hochwertigen Content systematisch zu erstellen und zu verwalten, entscheidend für die Differenzierung von der Konkurrenz und für die Etablierung als Thought Leader in ihrer Branche.

Die Erstellung von Inhalten beginnt mit einem tiefen Verständnis für die Zielgruppe. Es geht darum, nicht nur zu wissen, wer sie sind, sondern auch, was sie bewegt, welche Probleme sie zu lösen versuchen und welche Art von Informationen sie suchen. Diese Einsichten bilden die Grundlage für die Erstellung von Inhalten, die wirklich ansprechen – sei es durch aufklärende Blogposts, technische Whitepapers, inspirierende Kundenfallstudien oder dynamische Videos. Jedes Stück Content sollte mit dem Ziel entwickelt werden, einen Mehrwert zu bieten, sei es durch die Vermittlung von Wissen, die Beantwortung von Fragen oder die Lösung spezifischer Probleme.

Doch die Erstellung ist nur ein Teil der Gleichung. Das Management von Inhalten umfasst die Organisation, Planung und Optimierung dieser Ressourcen über ihren gesamten Lebenszyklus. Dazu gehört die Auswahl der richtigen Formate und Kanäle für die Veröffentlichung, die Planung der Veröffentlichungstermine im Einklang mit der Gesamtstrategie und die Sicherstellung, dass der Content aktuell bleibt und kontinuierlich auf seine Leistung hin überprüft wird. Ein effektives Content-Management berücksichtigt auch die Wiederverwendung und -verwertung von Inhalten, um den Wert jedes erstellten Inhaltsstücks zu maximieren.

Die Technologie spielt eine entscheidende Rolle im Content-Management-Prozess. Content-Management-Systeme (CMS), wie WordPress oder Drupal, bieten leistungsstarke Tools zur Erstellung, Veröffentlichung und Verwaltung von Inhalten. Gleichzeitig ermöglichen Analyse-Tools, wie Google Analytics oder spezialisierte Content-Performance-Plattformen, Marketern, die Wirksamkeit ihrer Inhalte zu messen und Einblicke in das Verhalten und die Vorlieben ihrer Zielgruppe zu gewinnen. Diese Technologien ermöglichen es, datengesteuerte Entscheidungen zu treffen, die die Content-Strategie weiter verfeinern und optimieren.

In der Praxis bedeutet dies, dass IT-Unternehmen einen iterativen Prozess verfolgen müssen, der Planung, Produktion, Veröffentlichung und Analyse umfasst. Dieser Prozess sollte flexibel genug sein, um auf Veränderungen im Markt oder in den Zielgruppenpräferenzen reagieren zu können, und robust genug, um eine konsistente Lieferung von hochwertigem Content zu gewährleisten. Durch die Kombination aus strategischem Denken, kreativer Erstellung und technologiegestütztem Management können IT-Unternehmen eine Content-Dynamik schaffen, die ihre Marke stärkt, ihr Publikum erweitert und letztendlich ihren geschäftlichen Erfolg vorantreibt.

Hinter den Kulissen: Die verborgenen Herausforderungen im Content-Management

Im digitalen Zeitalter erscheint die Erstellung und Verwaltung von Content als eine Aufgabe, die nahezu automatisch vonstatten geht. Doch ein genauerer Blick hinter die Kulissen offenbart die komplexen Herausforderungen, mit denen IT-Unternehmen konfrontiert sind, um ihre Inhalte nicht nur aktuell und relevant, sondern auch effektiv und zielgerichtet zu gestalten. Eine investigative Recherche zeigt, dass der Prozess des Content-Managements weit mehr umfasst als die bloße Produktion von Texten oder Videos. Es ist eine anspruchsvolle Balance zwischen Kreativität, Technologie und Strategie, die den Erfolg in der digitalen Welt bestimmt.

Ein Schlüsselelement, das oft unterschätzt wird, ist die Notwendigkeit einer tiefgreifenden Zielgruppenanalyse. IT-Unternehmen stehen vor der Herausforderung, nicht nur die technischen Aspekte ihrer Produkte und Dienstleistungen zu vermitteln, sondern diese Informationen auch in einer Form zu präsentieren, die für ihre Zielgruppe ansprechend und verständlich ist. Dies erfordert ein Verständnis für die spezifischen Bedürfnisse und Vorlieben dieser Zielgruppe, das weit über oberflächliche Annahmen hinausgeht.

Die Technologie ist ein weiterer kritischer Faktor im Content-Management. Die Auswahl und Implementierung der richtigen Content-Management-Systeme (CMS) und Analyse-Tools kann entscheidend sein, um Effizienz und Effektivität in der Content-Erstellung und -Verwaltung zu gewährleisten. Doch die Landschaft dieser Technologien entwickelt sich rasant, und IT-Unternehmen stehen vor der Herausforderung, mit diesen Entwicklungen Schritt zu halten, um nicht den Anschluss zu verlieren.

Darüber hinaus erfordert das Management von Content eine kontinuierliche Optimierung und Anpassung. Die digitale Welt ist einem ständigen Wandel unterworfen, und was heute funktioniert, kann morgen bereits veraltet sein. IT-Unternehmen müssen daher agil bleiben, ihre Strategien regelmäßig überprüfen und bereit sein, auf Basis von Performance-Daten und Feedback Anpassungen vorzunehmen. Dies setzt eine Kultur der kontinuierlichen Verbesserung und des Lernens voraus, die tief in der Organisation verankert sein muss.

Die Recherche deckt auf, dass hinter dem scheinbar einfachen Prozess der Content-Erstellung und -Verwaltung eine Welt voller Herausforderungen steckt. Doch gleichzeitig zeigt sie auch, dass diese Herausforderungen bewältigt werden können – durch strategische Planung, den Einsatz der richtigen Technologien und eine unermüdliche Ausrichtung auf die Bedürfnisse der Zielgruppe. Für IT-Unternehmen, die diese Aspekte meistern, wird Content-Management zu einem mächtigen Werkzeug, um sich in der digitalen Landschaft zu behaupten und ihre Marketingziele zu erreichen.

3.3 Content-Distribution und -Promotion

In den unermesslichen Tiefen des digitalen Ozeans, wo Informationen wie Wellen auf und ab schwappen, entscheidet der gezielte Wurf einer Flaschenpost über Erfolg oder Verschwinden. So ist es auch mit dem Content, den wir mit Hingabe kreieren und ins weite Meer des Internets entlassen. Doch ohne eine durchdachte Strategie für Distribution und Promotion gleicht jeder Artikel, jedes Video und jeder Post einer Flaschenpost, die ziellos auf den Wellen treibt, in der Hoffnung, irgendwann einen Strand zu erreichen, auf dem sie von der richtigen Person gefunden wird. Diese metaphorische Reise beleuchtet nicht nur die Herausforderungen, die es zu bewältigen gilt, um unsere Botschaften an den Mann oder die Frau zu bringen. Sie erzählt auch die Geschichte von der Kunst der Navigation in diesem digitalen Ozean, von der Notwendigkeit, Strömungen zu verstehen und Winde zu nutzen, um sicherzustellen, dass unsere Inhalte nicht in der Weite des Netzes verloren gehen, sondern ihre Zielgruppen erreichen und Wirkung entfalten.

Diese Erzählung führt uns zu einem entscheidenden Punkt: der Wichtigkeit einer klugen Content-Distribution und effektiven Promotion. Es geht nicht nur darum, Inhalte zu erstellen, sondern auch darum, Wege zu finden, diese Inhalte sichtbar zu machen, sie aus der Masse herauszuheben und direkt vor die Augen jener zu bringen, die sie am meisten schätzen. Wie also navigieren wir diesen komplexen, ständig sich verändernden digitalen Ozean, um unsere Flaschenpost nicht nur zu versenden, sondern sicherzustellen, dass sie auch gefunden wird?

In der Ära des Informationsüberflusses ist die Erstellung von qualitativ hochwertigem Content nur die halbe Miete. Die wahre Herausforderung liegt darin, diesen Content effektiv zu distribuieren und zu promoten, um sicherzustellen, dass er die gewünschte Zielgruppe erreicht und beeindruckt. Hierbei spielen strategische Content-Distribution und gezielte Promotion eine entscheidende Rolle, vergleichbar mit einem Leuchtturm, der die Flaschenpost aus unserem metaphorischen Ozean sicher an ihr Ziel führt.

Die Distribution von Content muss strategisch angegangen werden, um sicherzustellen, dass der Content nicht nur veröffentlicht, sondern auch von der Zielgruppe wahrgenommen wird. Dies erfordert ein tiefes Verständnis der verschiedenen Kanäle, über die der Content verbreitet werden kann, und deren jeweiligen Publikums. Zu den Hauptkanälen gehören soziale Medien, E-Mail-Marketing, Blogs, und Partnerschaften mit anderen Websites oder Influencern. Die Auswahl der richtigen Kanäle hängt stark von der Zielgruppe und den Zielen des Contents ab. Zum Beispiel erreicht man mit LinkedIn ein berufliches Publikum, während Instagram eher für visuell ansprechenden Content und eine jüngere Zielgruppe geeignet ist.

Die Promotion geht Hand in Hand mit der Distribution und beinhaltet gezielte Maßnahmen, um die Sichtbarkeit und das Engagement für den Content zu erhöhen. Dies kann durch bezahlte Werbung, Suchmaschinenmarketing, Influencer-Kooperationen oder auch durch organische Engagement-Strategien wie SEO (Suchmaschinenoptimierung) erfolgen. Die Promotion soll nicht nur Aufmerksamkeit generieren, sondern auch dazu beitragen, eine Verbindung zwischen dem Content und dem Publikum herzustellen, die zu weiteren Interaktionen führt.

Um den Erfolg von Content-Distribution und -Promotion zu messen, ist es wichtig, klare KPIs (Key Performance Indicators) festzulegen. Dazu können die Reichweite, das Engagement, die Konversionsrate oder der Traffic gehören. Tools zur Webanalyse und Social-Media-Monitoring-Tools sind unerlässlich, um die Performance zu überwachen und Einsichten zu gewinnen, die zur Optimierung zukünftiger Strategien beitragen können.

Auf Basis der gesammelten Daten und Performance-Metriken müssen Strategien regelmäßig angepasst und optimiert werden. Dies kann bedeuten, neue Kanäle zu erkunden, Inhalte zu aktualisieren oder die Zielgruppe präziser zu definieren. Das Internet ist ein dynamisches Umfeld, und die Fähigkeit, flexibel auf Veränderungen zu reagieren, ist entscheidend für den langfristigen Erfolg.

Content-Distribution und -Promotion sind keine nachträglichen Gedanken, sondern wesentliche Bestandteile jeder Content-Marketing-Strategie. Sie entscheiden darüber, ob der sorgfältig erstellte Content sein Publikum findet oder in der Flut an Informationen untergeht. Durch die Anwendung gezielter Strategien und die kontinuierliche Messung und Optimierung der Ergebnisse können Unternehmen sicherstellen, dass ihre Inhalte nicht nur gesehen und geschätzt werden, sondern auch die gewünschten Geschäftsergebnisse erzielen. In unserem digitalen Ozean voller Inhalte ist es diese kluge Navigation, die den Unterschied zwischen Verlorengehen und Gefundenwerden ausmacht.

4. SUCHMASCHINENMARKETING (SEM) UND SUCHMASCHINENOPTIMIERUNG (SEO)

4.1 Grundlagen von SEO und SEM für IT-Unternehmen

Stellen Sie sich das Internet als eine endlose Nacht voller Leuchtfeuer vor, jedes repräsentiert eine Website, die um die Aufmerksamkeit der vorbeiziehenden Schiffe – oder in unserem Fall, der Nutzer – buhlt. In dieser überfüllten Landschaft ist es für IT-Unternehmen eine gewaltige Herausforderung, ihr eigenes Feuer so hell leuchten zu lassen, dass es aus der Masse heraussticht und die Blicke auf sich zieht. Dies ist das Rätsel der Sichtbarkeit, eine Aufgabe, die ohne die richtigen Werkzeuge und Kenntnisse nahezu unlösbar scheint. Hier kommen SEO (Suchmaschinenoptimierung) und SEM (Suchmaschinenmarketing) ins Spiel – die entscheidenden Werkzeuge, die das Potential haben, das Feuer eines Unternehmens höher und heller brennen zu lassen, sodass es nicht nur sichtbar, sondern auch attraktiv für die vorbeiziehenden Nutzer wird.

SEO und SEM sind nicht einfach nur digitale Marketingstrategien; sie sind die Kunst und Wissenschaft, die es IT-Unternehmen ermöglichen, in den Suchergebnissen eine prominente Position einzunehmen und somit ihre Sichtbarkeit und Erreichbarkeit dramatisch zu erhöhen. Durch die gezielte Optimierung ihrer Websites für Suchmaschinen und den strategischen Einsatz von bezahlten Werbekampagnen können Unternehmen sicherstellen, dass ihre Leuchtfeuer – ihre digitalen Präsenzen – in der Dunkelheit des Internets als Wegweiser dienen, der potenzielle Kunden direkt zu ihnen führt.

Die Reise zur Meisterung von SEO und SEM ist jedoch voller Rätsel und Herausforderungen. Keywords sind das Brennholz, das das Feuer am Leben hält, aber ihre Auswahl und Platzierung erfordern Sorgfalt und Präzision. Die Architektur der Website, ihre Ladezeiten und die Qualität der Inhalte sind wie der Bau und die Pflege des Leuchtfeuers selbst – vernachlässigt man sie, so verliert das Feuer an Kraft und wird von den hellen Flammen der Konkurrenz überstrahlt.

SEM hingegen ist wie das Entzünden zusätzlicher Leuchtsignale – bezahlte Anzeigen, die das Hauptfeuer unterstützen und verstärken. Doch ohne eine kluge Strategie können diese Anstrengungen mehr Rauch als Licht erzeugen, die Ressourcen verschlingen, ohne die gewünschte Aufmerksamkeit zu erregen.

Dieses Rätsel der Sichtbarkeit zu lösen, ist essentiell für IT-Unternehmen, die in der digitalen Welt nicht nur überleben, sondern prosperieren wollen. SEO und SEM sind die Schlüssel, mit denen sie die Nacht durchdringen und sicherstellen können, dass ihre Botschaften gehört, ihre Dienstleistungen gefunden und ihre Produkte gewählt werden.

Der Schlüssel zum Erfolg

Im digitalen Zeitalter ist die Sichtbarkeit im Internet für IT-Unternehmen gleichbedeutend mit dem Lebenselixier. Die Grundlagen von SEO (Suchmaschinenoptimierung) und SEM (Suchmaschinenmarketing) bilden das Fundament, auf dem die Online-Präsenz eines Unternehmens aufgebaut und ausgebaut wird. Diese beiden Strategien sind entscheidend dafür, wie gut eine Website in den Suchergebnissen von Suchmaschinen wie Google platziert wird, was wiederum einen direkten Einfluss auf die Generierung von Traffic, Leads und letztendlich Umsatz hat.

SEO zielt darauf ab, die Website eines Unternehmens so zu optimieren, dass sie von Suchmaschinen als relevant und wertvoll für bestimmte Suchanfragen eingestuft wird. Dies umfasst eine Vielzahl von Techniken, darunter die Optimierung von Website-Inhalten mit gezielten Keywords, die Verbesserung der Ladegeschwindigkeit der Website, die Sicherstellung einer mobilen Freundlichkeit und der Aufbau einer logischen Website-Architektur. Eine effektive SEO-Strategie erhöht die Wahrscheinlichkeit, dass die Website eines Unternehmens auf der ersten Seite der Suchergebnisse erscheint, was essentiell ist, da die meisten Nutzer selten über die erste Seite hinausgehen.

SEM hingegen beinhaltet den Einsatz von bezahlten Werbekampagnen, um die Sichtbarkeit einer Website in den Suchergebnissen zu erhöhen. Dies geschieht in der Regel durch Pay-per-Click (PPC)-Anzeigen, bei denen Un-

ternehmen nur dann zahlen, wenn auf ihre Anzeigen geklickt wird. SEM ermöglicht es IT-Unternehmen, ihre Anzeigen gezielt auf bestimmte Keywords auszurichten, wodurch sie sofortige Sichtbarkeit für ihre Zielgruppe
erlangen können. Eine gut durchdachte SEM-Kampagne kann nicht nur den
Traffic auf einer Website kurzfristig steigern, sondern auch dazu beitragen,
die Markenbekanntheit zu erhöhen und wertvolle Einblicke in das Suchver-
halten der Zielgruppe zu gewinnen.

Der Schlüssel zum Erfolg in SEO und SEM liegt in der kontinuierlichen
Anpassung und Optimierung. Die Algorithmen von Suchmaschinen ändern
sich regelmäßig, und was heute als Best Practice gilt, kann morgen bereits
veraltet sein. IT-Unternehmen müssen daher ständig ihre Strategien überprüfen und anpassen, um mit den neuesten Trends und Änderungen Schritt
zu halten. Dies erfordert eine Kombination aus technischem Verständnis,
kreativem Content-Marketing und analytischem Denken.

Darüber hinaus ist es wichtig, dass IT-Unternehmen eine synergetische
Beziehung zwischen SEO und SEM herstellen. Während SEO eher eine
langfristige Investition in die organische Sichtbarkeit darstellt, bietet SEM
die Möglichkeit für schnelle Gewinne und erhöhte Sichtbarkeit. Durch die
Kombination beider Strategien können Unternehmen nicht nur ihre Reichweite maximieren, sondern auch eine konsistente Botschaft über verschiedene Kanäle hinweg kommunizieren und so ihre Chancen erhöhen, von potenziellen Kunden gefunden und ausgewählt zu werden.

Abschließend lässt sich sagen, dass die Beherrschung von SEO und
SEM für IT-Unternehmen im digitalen Marketingzeitalter keine Option,
sondern eine Notwendigkeit ist. Die Fähigkeit, in den Suchergebnissen hervorzustechen, kann den Unterschied zwischen Erfolg und Misserfolg ausmachen. Indem Unternehmen diese grundlegenden Strategien anwenden
und kontinuierlich verfeinern, können sie eine solide Basis für ihr digitales
Marketing schaffen und ihre Online-Präsenz nachhaltig stärken.

4.2 Keyword-Recherche und -Optimierung

Im Herzen des digitalen Marketings, speziell im Suchmaschinenmarketing,
schlägt die Keyword-Recherche und -Optimierung wie ein lebenswichtiges

Organ. Dieser Prozess ist das Fundament, auf dem Unternehmen aufbauen, um in der digitalen Welt sichtbar zu werden und zu florieren. Es ist eine Kunst und Wissenschaft zugleich, die richtigen Begriffe und Phrasen zu identifizieren, die potenzielle Kunden nutzen, um nach Produkten, Dienstleistungen oder Informationen zu suchen, die ein Unternehmen bietet.

Die Reise beginnt mit der Keyword-Recherche. Hier nutzen IT-Unternehmen eine Vielzahl von Tools und Techniken, um ein tiefgreifendes Verständnis dafür zu entwickeln, welche Suchbegriffe ihre Zielgruppe verwendet. Es geht nicht nur darum, die offensichtlichen Begriffe zu sammeln, sondern auch darum, die Nuancen und Variationen zu erkennen, die Menschen in ihrer Suche verwenden. Diese Phase ist entscheidend, denn sie legt die Basis für alle weiteren SEO-Maßnahmen. Es ist ein Prozess, der Sorgfalt und Geduld erfordert, denn die richtigen Keywords zu finden, ist wie die Suche nach einem Schatz, der die Sichtbarkeit und Reichweite eines Unternehmens im Internet erhöhen kann.

Nach der Identifizierung der Schlüsselbegriffe folgt die Optimierung. Diese Phase ist geprägt von strategischen Entscheidungen darüber, wie und wo diese Keywords auf der Website eines Unternehmens integriert werden sollen. Von der Optimierung der Meta-Tags und Überschriften bis hin zur Anreicherung des Inhalts mit relevanten Suchbegriffen – jede Änderung zielt darauf ab, die Relevanz und Autorität der Website zu verbessern. Dabei ist es wichtig, ein Gleichgewicht zu finden: Die Keywords müssen natürlich in den Text eingebettet sein, um sowohl den Suchalgorithmen als auch den menschlichen Lesern zu gefallen.

Ein weiterer entscheidender Aspekt der Keyword-Optimierung ist die fortlaufende Analyse und Anpassung. Die digitale Landschaft ist ständig in Bewegung, und was heute relevant ist, kann morgen schon überholt sein. IT-Unternehmen müssen daher ihre Keyword-Strategien regelmäßig überprüfen und anpassen, um mit den sich ändernden Suchtrends und Algorithmen Schritt zu halten. Dies erfordert ein kontinuierliches Monitoring der Keyword-Performance und die Bereitschaft, Strategien zu verfeinern, um die Sichtbarkeit und das Ranking der Website zu maximieren.

Die Kunst der Keyword-Recherche und -Optimierung ist ein kritischer Baustein im Suchmaschinenmarketing für IT-Unternehmen. Es ist eine dynamische Disziplin, die nicht nur technisches Know-how erfordert, sondern auch ein tiefes Verständnis für das Verhalten und die Bedürfnisse der Zielgruppe. Durch die meisterhafte Anwendung dieser Techniken können Unternehmen ihre digitale Präsenz stärken, qualifizierten Traffic anziehen und letztendlich ihre Online-Ziele erreichen.

Hier sind einige der prominentesten Tools und Techniken aufgeführt:

Tools für die Keyword-Recherche und -Optimierung

1. **Google Keyword Planner**: Ein kostenloses Tool, das Teil von Google Ads ist. Es hilft bei der Identifizierung von Keywords und gibt Schätzungen zu Suchvolumen und Wettbewerb. Obwohl es primär für Anzeigenkampagnen gedacht ist, liefert es wertvolle Daten für SEO-Zwecke.

2. **SEMrush**: Eine umfassende Plattform für digitales Marketing, die nicht nur bei der Keyword-Recherche unterstützt, sondern auch Einblicke in die Strategien der Wettbewerber bietet, Performance-Analysen ermöglicht und Vorschläge zur Verbesserung der Website-SEO liefert.

3. **Ahrefs**: Bekannt für seine Backlink-Analyse, bietet Ahrefs auch ein leistungsstarkes Keyword-Recherche-Tool, das Daten zu Suchvolumen, Keyword-Schwierigkeit und den Ranking-Seiten für spezifische Keywords bereitstellt.

4. **Moz Keyword Explorer**: Ein Tool, das umfassende Informationen zu Keywords bietet, einschließlich Suchvolumen, Schwierigkeit und die Möglichkeit, die SERP-Funktionen zu erkunden, die für bestimmte Keywords aktiv sind.

5. **Ubersuggest**: Ein kostenloses Tool von Neil Patel, das Keyword-Vorschläge, Suchvolumen-Daten, Wettbewerb und saisonale Trends bietet. Es ist besonders nützlich für schnelle Recherchen und die Generierung von Keyword-Ideen.

Techniken der Keyword-Recherche und -Optimierung

1. **Verwendung von Long-Tail-Keywords**: Diese spezifischeren und oft längeren Suchbegriffe haben in der Regel ein geringeres Suchvolumen, aber auch weniger Wettbewerb und eine höhere

Konversionsrate. Sie sind besonders wertvoll für die gezielte Ansprache von Nischenmärkten.

2. **Analyse der Konkurrenz**: Durch die Untersuchung, welche Keywords von Wettbewerbern genutzt werden, können Unternehmen Lücken in ihrer eigenen Keyword-Strategie erkennen und diese gezielt schließen.

3. **SERP-Analyse**: Die Untersuchung der Suchergebnisseiten (Search Engine Results Pages) für ausgewählte Keywords gibt Aufschluss darüber, welche Art von Inhalten (z.B. Blogbeiträge, Videos, Produktseiten) für ein bestimmtes Keyword ranken, und liefert damit wertvolle Hinweise für die Content-Strategie.

4. **Verwendung von Keyword-Clustern**: Statt einzelne Keywords zu optimieren, konzentrieren sich Unternehmen auf Keyword-Cluster, die thematisch verwandte Begriffe umfassen. Dieser Ansatz hilft, die Relevanz für ein breiteres Themenspektrum zu erhöhen.

5. **Nutzung von Tools zur Analyse der Suchintention**: Verstehen, warum Nutzer bestimmte Suchanfragen stellen (informieren, kaufen, navigieren), ermöglicht es, Inhalte besser auf die Bedürfnisse und Absichten der Zielgruppe abzustimmen.

Diese Tools und Techniken sind entscheidend für eine erfolgreiche SEO-Strategie. Die richtige Kombination und Anwendung können maßgeblich dazu beitragen, die Online-Präsenz eines Unternehmens zu stärken und seine Ziele im digitalen Raum zu erreichen.

4.3 Performance-Messung und Analyse

Die Performance-Messung und Analyse im Suchmaschinenmarketing (SEM) und in der Suchmaschinenoptimierung (SEO) ist das Äquivalent zum Navigieren eines Schiffes in offenen Gewässern. Hierbei handelt es sich um den entscheidenden Prozess, der es IT-Unternehmen ermöglicht, den Erfolg ihrer digitalen Marketingstrategien zu bewerten, ihre Taktiken fein abzustimmen und letztendlich ihre Sichtbarkeit und Reichweite im digitalen Ozean zu maximieren.

In diesem komplexen Terrain ist die Sammlung, Auswertung und Interpretation von Daten der Schlüsselstein, um die Effektivität von SEO- und SEM-Aktivitäten zu messen. Es beginnt mit der Festlegung von Key Performance Indicators (KPIs), die spezifisch, messbar, erreichbar, relevant und zeitgebunden (SMART) sein sollten. Zu den gängigen KPIs gehören die organische Suchreichweite, die Click-Through-Rate (CTR), die Position im Suchmaschinenranking, die Konversionsrate und der Return on Investment (ROI). Diese Indikatoren bieten IT-Unternehmen wertvolle Einblicke in die Leistung ihrer Webseiten und die Effektivität ihrer Marketingstrategien.

Die Nutzung fortschrittlicher Analyse-Tools ist unerlässlich für die Performance-Messung. Google Analytics, beispielsweise, ist ein mächtiges Werkzeug, das tiefe Einblicke in das Nutzerverhalten bietet, von der Anzahl der Seitenaufrufe bis hin zu komplexeren Metriken wie der Verweildauer auf der Seite und der Absprungrate. Diese Daten ermöglichen es Marketern, zu verstehen, wie Besucher mit ihrer Website interagieren, welche Inhalte am meisten engagieren und wo es Verbesserungspotenzial gibt.

Ein weiterer kritischer Schritt in der Performance-Analyse ist das Benchmarking. IT-Unternehmen müssen ihre Leistung nicht nur intern überwachen, sondern auch verstehen, wie sie im Vergleich zu Wettbewerbern und Branchenstandards abschneiden. Dieser Vergleich hilft, Stärken zu erkennen und Bereiche zu identifizieren, in denen Verbesserungen notwendig sind, um wettbewerbsfähig zu bleiben.

Die fortlaufende Überwachung und Anpassung der SEO- und SEM-Strategien basierend auf Performance-Daten ist ein dynamischer Prozess. Es erfordert eine ständige Neubewertung der Ziele und Taktiken, um auf Änderungen in Suchalgorithmen, Wettbewerbslandschaften und Verbraucherpräferenzen zu reagieren. Effektives Performance-Management bedeutet, agil zu bleiben und bereit zu sein, Strategien zu optimieren, um maximale Ergebnisse zu erzielen.

Abschließend ist die Performance-Messung und Analyse in SEM und SEO ein unverzichtbarer Bestandteil des digitalen Marketings. Sie ermöglicht IT-Unternehmen, ihre digitale Präsenz präzise zu steuern, fundierte

Entscheidungen zu treffen und ihre Marketingziele zu erreichen. Durch die sorgfältige Auswertung von Leistungsdaten können Unternehmen ihre Sichtbarkeit in Suchmaschinen steigern, qualifizierten Traffic anziehen und letztendlich ihren digitalen Erfolg sichern.

5. SOCIAL MEDIA MARKETING

(Das Echo eines Hashtags)

Stellen Sie sich vor, eine Handvoll Worte, ein Bild, oder sogar ein kurzes Video reist schneller um die Welt als das Licht durch die Fasern eines Glasfaserkabels. Dies ist die Welt der sozialen Medien, ein Universum, in dem ein einziger Moment, geteilt und verbreitet, die Kraft hat, Geschichte zu schreiben. Von den farbenfrohen Revolutionen, die auf den Plätzen Ägyptens und der Ukraine entfachten, bis hin zu den bahnbrechenden Marketingkampagnen, die Overnight-Sensationen aus Marken machten – soziale Medien haben sich als das mächtigste Werkzeug in der modernen Kommunikation etabliert.

Einer dieser einflussreichen Momente ereignete sich, als ein bekanntes Getränkeunternehmen entschied, seine Marke durch eine globale Social-Media-Kampagne neu zu positionieren. Mit nichts weiter als einem Hashtag und einer Handvoll Influencer begannen sie eine Bewegung, die Millionen erreichte. Fast über Nacht wurde aus einem simplen Getränk ein Symbol für Jugendkultur und Gemeinschaft. Diese Kampagne illustriert perfekt, wie IT-Unternehmen die Viralität zu ihrem Vorteil nutzen können, um Markenbewusstsein und Kundenbindung in bisher unvorstellbare Höhen zu treiben.

Ein weiteres Beispiel, das die immense Macht der sozialen Medien zeigt, ist die Geschichte einer politischen Bewegung, die durch ein einzelnes Foto ausgelöst wurde. Das Bild, das Ungerechtigkeit und den Ruf nach Veränderung zeigte, verbreitete sich wie ein Lauffeuer über Plattformen wie Twitter und Facebook. Es mobilisierte Tausende, die Straßen aufzusuchen und forderte globale Aufmerksamkeit für eine Sache, die zuvor im Schatten lag. Hier sehen wir, wie Social Media nicht nur Marken und Produkte, sondern auch Ideale und sozialen Wandel vorantreiben kann.

Diese Geschichten dienen als mächtige Erinnerung daran, dass in der Ära der sozialen Medien die Grenzen zwischen dem Öffentlichen und Privaten, zwischen dem Persönlichen und dem Politischen, zunehmend verschwimmen. Für IT-Unternehmen, die sich im dichten Dschungel des digitalen Marketings durchsetzen wollen, bieten diese Plattformen eine einzigartige Chance, nicht nur zu verkaufen, sondern auch zu beeinflussen, zu inspirieren und Teil eines größeren Dialogs zu sein.

So wie ein Stein, der ins Wasser geworfen wird, Kreise zieht, so können auch Inhalte in den sozialen Medien Wellen schlagen, die weit über ihre ursprüngliche Reichweite hinausgehen. Die Kunst des Social Media Marketings liegt darin, diesen Stein so zu werfen, dass er nicht nur das Wasser berührt, sondern eine Flutwelle auslöst.

5.1 Auswahl der richtigen Kanäle

5.1.1 Identifikation der Zielgruppe:

Bestimmung der Plattformen, auf denen sich die Zielgruppe am häufigsten aufhält.

Im pulsierenden Herzen des digitalen Marketings schlägt eine Frage besonders laut: "Auf welcher Plattform treffen wir unsere Zielgruppe am effektivsten?" Die Antwort ist entscheidend, denn die Auswahl des richtigen Social-Media-Kanals kann den Unterschied zwischen einem viralen Hit und einem digitalen Echo bedeuten.

Die Kunst, die Zielgruppe im weiten Ozean der sozialen Medien zu lokalisieren, beginnt mit einer sorgfältigen Analyse. Zunächst muss verstanden werden, wer die Menschen sind, die man erreichen möchte. Alter, Geschlecht, Interessen und Lebensstil sind nur einige der Faktoren, die hierbei eine Rolle spielen. Es geht darum, ein detailliertes Bild der Idealperson zu zeichnen, die man mit seiner Botschaft ansprechen möchte.

Sobald man ein klares Verständnis der Zielgruppe hat, wendet man sich der Landschaft der Social-Media-Plattformen zu. Jede Plattform hat ihre eigene, einzigartige Nutzerbasis und Kultur. Facebook, mit seiner breiten demografischen Reichweite, eignet sich hervorragend, um eine Vielzahl von Zielgruppen anzusprechen. Instagram, eine Oase der visuellen Inhalte, zieht vor allem jüngere Generationen an, die Wert auf Ästhetik und Lifestyle legen. LinkedIn hingegen ist die Go-to-Plattform für professionelle Vernetzung und B2B-Kommunikation, ideal, um Fachleute und Brancheninsider zu erreichen. TikTok, das neueste Phänomen im Social-Media-Bereich, hat insbesondere bei der Gen Z für Aufsehen gesorgt, dank seiner kurzen, unterhaltsamen Videoinhalte.

Die Identifikation der richtigen Plattform(en) für eine Marke oder ein Unternehmen erfordert ein tiefgehendes Verständnis nicht nur der eigenen Zielgruppe, sondern auch der Nuancen und Dynamiken jeder Plattform. Es geht darum, dort zu sein, wo die Zielgruppe bereits aktiv ist, und Inhalte zu liefern, die resonieren und Engagement fördern. Durch die Analyse von Nutzungsstatistiken, Trends und dem Verhalten der Zielgruppe auf verschiedenen Plattformen können Unternehmen eine fundierte Entscheidung treffen, welche Kanäle für ihre Social-Media-Strategie am besten geeignet sind.

Die Wahl des richtigen Kanals ist jedoch nur der Anfang. Der Schlüssel zum Erfolg liegt in der Fähigkeit, maßgeschneiderte Inhalte zu erstellen, die nicht nur die Aufmerksamkeit der Zielgruppe auf sich ziehen, sondern diese auch langfristig binden. In einer Welt, in der die Aufmerksamkeitsspanne immer kürzer wird, ist die Fähigkeit, sich durch kreative und ansprechende Inhalte hervorzuheben, von unschätzbarem Wert.

Die Auswahl der richtigen Kanäle im Social Media Marketing ist somit eine strategische Entscheidung, die eine tiefe Kenntnis der eigenen Zielgruppe und der spezifischen Eigenschaften jeder Plattform voraussetzt. Durch die Kombination dieser Einsichten mit einem kreativen Ansatz zur Inhalterstellung können Unternehmen eine starke Präsenz im digitalen Raum aufbauen, die echte Verbindungen schafft und nachhaltiges Wachstum fördert.

5.1.2 Plattform-Spezifika:

Unterschiede zwischen den Plattformen und deren Eignung für verschiedene Inhaltsarten (z.B. LinkedIn für B2B, Instagram für visuelle Inhalte).

Das Geheimnis einer erfolgreichen Social-Media-Strategie liegt nicht nur darin, zu wissen, wo die Zielgruppe verweilt, sondern auch zu verstehen, wie die unterschiedlichen Plattformen genutzt werden können, um maßgeschneiderte Inhalte effektiv zu präsentieren. Jede Social-Media-Plattform bietet ein einzigartiges Umfeld mit spezifischen Funktionen, Nutzererwartungen und Engagement-Möglichkeiten. Diese Plattform-Spezifika zu kennen und zu nutzen, ist entscheidend, um die richtige Botschaft an die richtige Zielgruppe zu senden.

Beginnen wir mit LinkedIn, dem unangefochtenen König des B2B-Marketings. LinkedIn ist eine Plattform, die für die professionelle Vernetzung konzipiert wurde. Hier treffen sich Fachleute, um Branchennachrichten zu teilen, Karrierechancen zu erkunden und geschäftliche Beziehungen zu pflegen. Für Unternehmen, deren Hauptzielgruppe in Fachleuten und Entscheidungsträgern besteht, bietet LinkedIn die perfekte Bühne, um Fachartikel, Unternehmensneuigkeiten und branchenbezogene Einblicke zu teilen. Die Inhalte, die hier resonieren, sind oft informativer und professioneller Natur.

Im Gegensatz dazu steht Instagram, eine Plattform, die das Visuelle in den Vordergrund stellt. Mit seiner Fokussierung auf Bilder und Videos ist Instagram der ideale Ort für Marken, die starke visuelle Geschichten erzählen möchten. Von atemberaubenden Produktfotos bis hin zu hinter den Kulissen blickenden Videos – Instagram ermöglicht es Unternehmen, eine tiefere emotionale Verbindung mit ihrem Publikum aufzubauen. Besonders für Marken aus den Bereichen Mode, Reisen, Kunst und Gastronomie bietet Instagram eine unschlagbare Plattform, um ihre Ästhetik und Markenpersönlichkeit zu präsentieren.

Twitter hingegen thront als die Arena der Echtzeitkommunikation. Mit seiner Begrenzung auf 280 Zeichen pro Tweet zwingt Twitter Marken, ihre Botschaften klar, prägnant und zeitnah zu formulieren. Diese Plattform eignet sich hervorragend für den Dialog mit der Community, Kundenservice in Echtzeit und das Teilen von News und Trends. Für Marken, die als Meinungsführer in ihrer Branche gelten möchten, bietet Twitter eine dynamische Plattform, um am Puls der Zeit zu bleiben und sich an aktuellen Gesprächen zu beteiligen.

Facebook, mit seiner weitreichenden demografischen Nutzerbasis, bietet eine vielseitige Plattform für fast jede Art von Inhalt – von Textbeiträgen und Fotos bis hin zu Videos und Live-Übertragungen. Die Stärke von Facebook liegt in seiner Fähigkeit, detaillierte Zielgruppenansprachen durch umfangreiche Werbeoptionen zu ermöglichen. Dies macht es zu einer leistungsstarken Plattform für Marken, die eine breite Palette von Inhalten teilen und eine diverse Zielgruppe erreichen möchten.

TikTok schließlich hat die Welt der sozialen Medien mit seiner Fokussierung auf kurze, unterhaltsame Videos neu definiert. Es ist die Bühne für Kreativität und Viralität, wo Inhalte schnell die Runde machen können. Für Marken, die jüngere Zielgruppen ansprechen wollen, bietet TikTok eine unvergleichliche Gelegenheit, durch kreative und trendorientierte Inhalte Aufmerksamkeit zu erregen.

Jede dieser Plattformen bedient unterschiedliche Inhaltsarten und Publika, und der Schlüssel zum Erfolg liegt darin, die Spezifika jeder Plattform zu verstehen und zu nutzen. Die Eignung einer Plattform für bestimmte Inhaltsarten zu kennen, ermöglicht es Marken, ihre Social-Media-Strategie präzise auszurichten und mit ihrem Publikum auf die effektivste Weise zu kommunizieren.

5.1.3 Ressourcenabwägung:

Einschätzung des erforderlichen Zeit- und Arbeitsaufwands im Verhältnis zum erwarteten ROI.

Im digitalen Zeitalter, wo Zeit und Aufmerksamkeit als die neuen Währungen gelten, wird die Ressourcenabwägung zu einem entscheidenden Faktor für den Erfolg im Social-Media-Marketing. Die Frage, die sich jedes Unternehmen stellen muss, lautet nicht nur, auf welchen Plattformen es präsent sein sollte, sondern auch, wie viel Zeit, Arbeit und Budget investiert werden müssen, um den gewünschten Return on Investment (ROI) zu erzielen. Diese Abwägung ist entscheidend, denn sie bestimmt, wie nachhaltig und effektiv eine Social-Media-Strategie sein kann.

Die Herausforderung beginnt mit dem Verständnis, dass jede Social-Media-Plattform ihren eigenen Rhythmus und ihre eigenen Anforderungen hat. Ein Instagram-Feed, der durch hochwertige Fotografie besticht, erfordert Investitionen in professionelles Bildmaterial und möglicherweise in Influencer-Kooperationen, um die gewünschte Markenästhetik zu erreichen. Der schnelle, dialogorientierte Charakter von Twitter hingegen verlangt nach ständiger Aufmerksamkeit und Engagement, um in Echtzeit auf Trends und Kundennachfragen reagieren zu können. LinkedIn, mit seinem professionellen Publikum, erfordert sorgfältig recherchierte Artikel und Thought-Leadership-Beiträge, die Zeit für die Erstellung und Pflege von Geschäftsbeziehungen beanspruchen.

Die Einschätzung des erforderlichen Zeit- und Arbeitsaufwands beginnt mit einer klaren Definition der Marketingziele und einem Verständnis der Zielgruppe. Daraus leitet sich ab, welche Inhalte erstellt und wie oft sie veröffentlicht werden sollen. Ein kleines Unternehmen mag feststellen, dass es sich auf eine oder zwei Plattformen konzentrieren muss, um seine Ressourcen optimal zu nutzen, während ein größeres Unternehmen mit einem spezialisierten Social-Media-Team in der Lage sein könnte, eine breitere Präsenz zu unterhalten.

Ein weiterer wichtiger Aspekt der Ressourcenabwägung ist die Messung des ROI. Der Erfolg im Social Media Marketing lässt sich nicht allein an Likes und Followern messen. Vielmehr geht es darum, wie diese Aktivitäten zu den übergeordneten Geschäftszielen beitragen, sei es durch gesteigerte Markenbekanntheit, Website-Traffic, Lead-Generierung oder direkte Verkäufe. Die Bestimmung des ROI erfordert die Einrichtung von Tracking-Mechanismen und Analyse-Tools, um den Erfolg von Social-Media-Aktivitäten zu messen und zu verstehen, wie diese den Unternehmenszielen dienen.

Die Effizienzsteigerung durch Automatisierungstools und Content-Management-Systeme kann ebenfalls dazu beitragen, den Arbeitsaufwand zu optimieren. Solche Tools ermöglichen es, Inhalte im Voraus zu planen und zu veröffentlichen, Interaktionen zu überwachen und auf Kommentare und Nachrichten zu reagieren, ohne dass eine ständige manuelle Überwachung erforderlich ist. Doch selbst mit der besten Automatisierung bleibt die Notwendigkeit einer menschlichen Note, um Authentizität und Engagement zu gewährleisten.

Die Ressourcenabwägung im Social-Media-Marketing ist somit ein fortlaufender Prozess, der eine strategische Planung und kontinuierliche Anpassung erfordert. Unternehmen müssen den Balanceakt zwischen dem Einsatz von Zeit, Arbeit und Budget und dem erwarteten ROI meistern, um ihre Social-Media-Präsenz nachhaltig und erfolgreich zu gestalten. Durch eine sorgfältige Planung und regelmäßige Bewertung ihrer Social-Media-Strategien können Unternehmen sicherstellen, dass sie ihre Ressourcen effizient einsetzen und maximale Ergebnisse erzielen.

5.2 Entwicklung einer Social Media Strategie

5.2.1 Zielsetzung:

Festlegung von spezifischen, messbaren, erreichbaren, relevanten und zeitgebundenen (SMART) Zielen.

Die Entwicklung einer durchschlagenden Social-Media-Strategie beginnt mit einem Schritt, der so grundlegend wie entscheidend ist: der Zielsetzung. Doch nicht irgendwelche Ziele führen zum Erfolg; sie müssen SMART sein – spezifisch, messbar, erreichbar, relevant und zeitgebunden. Diese Prinzipien bilden das Fundament einer Strategie, die nicht nur Ambitionen in konkrete Aktionen übersetzt, sondern auch eine klare Richtschnur für den Erfolg bietet.

Spezifisch bedeutet, dass jedes Ziel klar und unmissverständlich formuliert sein muss. Statt vager Absichtserklärungen wie "Wir wollen unsere Marke stärken", fordert SMART eine präzise Definition des Ziels, beispielsweise "Wir wollen die Markenbekanntheit um 20% steigern, indem wir unsere Follower-Zahl auf Instagram innerhalb von sechs Monaten verdoppeln."

Messbarkeit ist der Schlüssel, um den Fortschritt zu verfolgen und am Ende bewerten zu können, ob das Ziel erreicht wurde. Ein Ziel wie "Erhöhung der Interaktionsrate auf Facebook-Posts" wird konkretisiert durch die Festlegung, dass "die durchschnittliche Anzahl von Reaktionen, Kommentaren und Shares pro Post um 30% gesteigert werden soll."

Erreichbar zu sein, bedeutet, dass die Ziele realistisch und mit den verfügbaren Ressourcen umsetzbar sein müssen. Ein erreichbares Ziel berücksichtigt sowohl die internen Kapazitäten als auch die Marktbedingungen. Es vermeidet es, die Latte so hoch zu legen, dass das Team von vornherein zum Scheitern verurteilt ist.

Relevanz stellt sicher, dass jedes Ziel eng mit den übergeordneten Geschäftszielen und der Mission des Unternehmens verknüpft ist. Ein relevantes Social-Media-Ziel für ein E-Commerce-Unternehmen könnte zum Beispiel sein, "die Verkaufszahlen durch Instagram-Shoppable-Posts um 15% zu steigern", da dies direkt zu höheren Umsätzen beiträgt.

Zeitgebunden schließlich bedeutet, dass jedes Ziel einen klaren Zeitrahmen hat, innerhalb dessen es erreicht werden soll. Dies schafft Dringlichkeit und ermöglicht eine zeitnahe Bewertung der Ergebnisse. Ein zeitgebundenes Ziel könnte lauten: "Steigerung der Follower-Zahl auf LinkedIn um 25% innerhalb des nächsten Quartals."

Die Festlegung von SMART-Zielen transformiert die Social-Media-Strategie von einer Sammlung diffuser Hoffnungen in einen präzisen Aktionsplan. Sie ermöglicht es Unternehmen, ihre Ressourcen gezielt einzusetzen, den Erfolg ihrer Bemühungen zu messen und notwendige Anpassungen vorzunehmen, um ihre Social-Media-Präsenz kontinuierlich zu verbessern. Durch diese methodische Herangehensweise können Marken nicht nur ihre Sichtbarkeit und ihr Engagement erhöhen, sondern auch einen greifbaren Beitrag zum Unternehmenserfolg leisten.

5.2.2 Content-Planung:

Erstellung eines Redaktionsplans, der Themen, Häufigkeit und Zeitpunkt der Veröffentlichungen umfasst.

Die Erstellung eines Redaktionsplans ist ein unverzichtbarer Schritt in der Entwicklung einer erfolgreichen Social-Media-Strategie. Er dient als Navigationskarte durch das oft turbulente Meer der digitalen Inhalte, indem er Struktur in das scheinbare Chaos bringt. Ein gut durchdachter Redaktionsplan legt nicht nur fest, was veröffentlicht wird, sondern auch wann und wie oft. Er ermöglicht es Unternehmen, konsistent und zielgerichtet zu kommunizieren, und stellt sicher, dass alle Inhalte auf die übergeordneten Marketingziele und die Bedürfnisse der Zielgruppe abgestimmt sind.

Themenfindung und -planung bilden das Herzstück eines jeden Redaktionsplans. Sie erfordern ein tiefes Verständnis der Zielgruppe und deren Interessen, um Inhalte zu kreieren, die resonieren und engagieren. Die Themen sollten vielfältig sein, um Monotonie zu vermeiden, aber dennoch eng genug, um die Markenbotschaft konsistent zu transportieren. Ein effektiver Plan berücksichtigt saisonale Ereignisse, Branchentrends und spezifische Unternehmensmeilensteine, um relevante und zeitnahe Inhalte zu liefern. Durch die Einbeziehung einer Mischung aus informativen, lehrreichen und unterhaltenden Themen können Marken eine tiefere Verbindung mit ihrem Publikum aufbauen und gleichzeitig ihre Expertise und Persönlichkeit hervorheben.

Häufigkeit und Timing sind weitere kritische Elemente, die in einem Redaktionsplan definiert werden müssen. Die optimale Häufigkeit der Veröffentlichungen variiert je nach Plattform und Zielgruppe. Während auf Twitter mehrmals täglich getweetet werden kann, um in der schnellen Dynamik der Plattform sichtbar zu bleiben, könnte auf LinkedIn eine Frequenz von zwei bis drei Beiträgen pro Woche angemessen sein, um Professionalität und Qualität zu betonen. Das Timing der Veröffentlichungen sollte ebenfalls strategisch geplant werden, basierend auf Analysen, wann die Zielgruppe am aktivsten und empfänglichsten ist. Die Nutzung von Analysetools, um diese Zeiten zu identifizieren, kann die Reichweite und das Engagement signifikant erhöhen.

Ein effektiver Redaktionsplan berücksichtigt auch die **Kontinuität und Abwechslung** der Inhalte. Er sollte eine Balance zwischen regelmäßigen Beitragsformaten, wie wöchentlichen Tipps oder monatlichen Interviews, und spontanen, aktuell relevanten Inhalten bieten. Dies schafft einerseits Vorhersehbarkeit und Verlässlichkeit, die das Publikum zu schätzen weiß, und ermöglicht andererseits Flexibilität, um auf aktuelle Ereignisse oder Trends reagieren zu können.

Die **Dokumentation und Teamkoordination** ist ein weiterer wesentlicher Bestandteil des Redaktionsplans. Er sollte nicht nur eine Übersicht über die geplanten Inhalte bieten, sondern auch Informationen zu Verantwortlichkeiten, Deadlines und Veröffentlichungsstatus enthalten. Ein solcher Plan erleichtert die Zusammenarbeit innerhalb des Teams und mit externen Partnern, indem er Transparenz schafft und sicherstellt, dass alle Beteiligten auf dem gleichen Stand sind.

Zusammenfassend ist ein detaillierter Redaktionsplan ein unerlässliches Werkzeug für jede Social-Media-Strategie. Er ermöglicht es Unternehmen, ihre Inhalte strategisch zu planen, zu organisieren und zu veröffentlichen, um ihre Marketingziele effektiv zu unterstützen und eine starke Verbindung zu ihrer Zielgruppe aufzubauen. Durch die sorgfältige Planung von Themen, Häufigkeit und Timing der Veröffentlichungen können Marken ihre

Präsenz in den sozialen Medien optimieren und ihren Einfluss im digitalen Raum maximieren.

5.2.3 Markenidentität:

Sicherstellung einer einheitlichen Darstellung und Kommunikation der Markenidentität über alle Kanäle hinweg.

Die Wahrung einer kohärenten Markenidentität über alle Social-Media-Kanäle hinweg ist nicht nur eine Frage der Ästhetik, sondern eine strategische Notwendigkeit. In einer Welt, in der Konsumenten mit einer Flut von Informationen bombardiert werden, dient die Markenidentität als Leuchtturm, der hilft, Ihre Botschaften aus dem digitalen Rauschen hervorzuheben. Eine einheitliche Darstellung und Kommunikation der Markenidentität schafft Vertrauen, fördert die Markenwiedererkennung und baut eine emotionale Verbindung mit dem Publikum auf.

Visuelle Konsistenz ist das A und O für eine einheitliche Markenpräsentation. Dies umfasst die Verwendung eines harmonischen Farbschemas, das sich durch alle Kanäle zieht, konsistente Schriftarten und das Logo, das in Größe und Platzierung angepasst wird, um auf jeder Plattform optimal zur Geltung zu kommen. Bilder und Grafiken sollten einen einheitlichen Stil aufweisen, der die Persönlichkeit und Werte der Marke widerspiegelt. Diese visuellen Elemente dienen als visuelle Anker, die es dem Publikum erleichtern, Ihre Inhalte sofort zu erkennen und zuzuordnen.

Ton und Sprache der Marke sind ebenso entscheidend für die Aufrechterhaltung einer konsistenten Markenidentität. Der Tonfall sollte über alle Plattformen hinweg einheitlich sein, ob professionell und informativ auf LinkedIn oder locker und unterhaltsam auf Instagram. Die Sprache sollte die Kernwerte und die Persönlichkeit der Marke widerspiegeln und gleichzeitig für die spezifische Plattform und Zielgruppe angepasst sein. Durch die Konsistenz in Ton und Sprache fühlen sich die Nutzer unabhängig vom Kanal immer mit derselben Marke verbunden.

Inhaltliche Ausrichtung ist ein weiterer wichtiger Aspekt. Alle Inhalte, von Blogposts bis zu Tweets, sollten die Markenbotschaft unterstützen und reflektieren. Dies bedeutet nicht, dass jeder Beitrag identisch sein muss, aber er sollte Teil einer kohärenten Geschichte sein, die Ihre Marke erzählt.

Eine einheitliche inhaltliche Ausrichtung hilft, eine starke Markenpersönlichkeit aufzubauen und die Kernbotschaften zu verstärken.

Plattformspezifische Anpassungen sind notwendig, um die Einzigartigkeit jeder Social-Media-Plattform zu berücksichtigen, ohne dabei die Markenidentität zu kompromittieren. Obwohl der visuelle Stil und der Tonfall einheitlich sein sollten, können Format und Art der Inhalte je nach Plattform variieren, um die jeweiligen Stärken zu nutzen und das Engagement zu maximieren. Die Kunst liegt darin, die Balance zwischen Anpassung und Konsistenz zu finden, um sowohl plattformspezifische Möglichkeiten auszuschöpfen als auch eine einheitliche Markenerfahrung zu bieten.

Richtlinien und Schulungen für das Social-Media-Team sind entscheidend, um eine konsistente Markenkommunikation sicherzustellen. Ein umfassendes Style Guide, der visuelle Richtlinien, Tonfall und Sprache umfasst, kann als Referenz dienen, um die Einheitlichkeit über alle Kanäle hinweg zu gewährleisten. Regelmäßige Schulungen und Workshops können helfen, das Bewusstsein für die Bedeutung der Markenidentität zu schärfen und sicherzustellen, dass alle Teammitglieder auf demselben Stand sind.

Zusammenfassend ist die Sicherstellung einer einheitlichen Darstellung und Kommunikation der Markenidentität über alle Kanäle hinweg ein entscheidender Faktor für den Erfolg im Social-Media-Marketing. Sie stärkt die Markenwiedererkennung, fördert das Vertrauen und unterstützt den Aufbau einer emotionalen Verbindung mit dem Publikum. Durch die sorgfältige Planung und Umsetzung einer kohärenten Markenstrategie können Unternehmen ihre Präsenz in den sozialen Medien optimieren und ihre Markenbotschaft effektiv vermitteln.

5.3 Engagement und Community-Aufbau

5.3.1 Interaktionsstrategien:

Entwicklung von Ansätzen zur Steigerung der Interaktion mit dem Publikum (z.B. Umfragen, Wettbewerbe).

Im dynamischen Universum des Social-Media-Marketings ist das Engagement des Publikums der Schlüsselstein zum Aufbau einer lebendigen und loyalen Community. Doch wie verwandelt man passive Beobachter in aktive Teilnehmer? Die Antwort liegt in der Entwicklung kreativer und wirkungsvoller Interaktionsstrategien, die nicht nur die Aufmerksamkeit des Publikums fesseln, sondern es auch zur Interaktion einladen. Durch den Einsatz von Umfragen, Wettbewerben und weiteren interaktiven Elementen können Marken eine Brücke zu ihrem Publikum schlagen und eine tiefere Verbindung herstellen.

Umfragen sind ein ausgezeichnetes Werkzeug, um das Publikum direkt in den Dialog mit der Marke einzubinden. Sie bieten nicht nur wertvolle Einblicke in die Präferenzen und Meinungen der Zielgruppe, sondern fördern auch das Gefühl, Teil einer größeren Gemeinschaft zu sein. Umfragen können von einfachen Abstimmungen über bevorzugte Produktvarianten bis hin zu Fragen über branchenrelevante Themen reichen. Der Schlüssel zum Erfolg liegt darin, die Fragen interessant und relevant zu gestalten, um eine hohe Beteiligungsrate zu erzielen. Die Ergebnisse können dann genutzt werden, um die Content-Strategie weiter zu verfeinern und noch stärker auf die Interessen der Community einzugehen.

Wettbewerbe sind eine weitere effektive Methode, um Engagement zu fördern und die Sichtbarkeit der Marke zu erhöhen. Sie regen die Teilnehmer dazu an, kreativ zu werden, sei es durch das Teilen von Fotos, das Verfassen von Beiträgen oder das Erstellen von Videos, die im Zusammenhang mit der Marke stehen. Um die Teilnahme attraktiv zu machen, sollten die Wettbewerbe mit ansprechenden Preisen verbunden sein, die für die Zielgruppe von Wert sind. Wichtig ist auch, klare Teilnahmebedingungen zu definieren und den Wettbewerb aktiv über alle Kanäle zu bewerben, um eine breite Teilnahme zu erzielen. Nach Abschluss des Wettbewerbs bietet die

Präsentation der Gewinner und ihrer Beiträge eine hervorragende Gelegenheit, die Community zu feiern und weitere Interaktionen anzuregen.

Neben Umfragen und Wettbewerben gibt es eine Vielzahl weiterer **Interaktionsstrategien**, wie Q&A-Sessions (Fragen und Antworten), Live-Streams, Challenges oder die Einbindung von User-Generated Content (UGC), die die Community aktiv einbeziehen und zur Interaktion anregen können. Diese Strategien bieten den Vorteil, dass sie nicht nur das Engagement steigern, sondern auch authentische Inhalte generieren, die die Markenidentität stärken und das Vertrauen in die Marke vertiefen.

Um diese Strategien effektiv zu nutzen, ist es essenziell, die Reaktionen des Publikums sorgfältig zu analysieren und daraus zu lernen. Die Auswertung von Engagement-Raten, Teilnehmerfeedback und der Performance von Interaktionsstrategien ermöglicht es Marken, ihre Ansätze kontinuierlich zu optimieren und noch stärker auf die Bedürfnisse und Wünsche ihrer Community einzugehen.

Zusammenfassend ist die Entwicklung von Interaktionsstrategien ein zentraler Baustein im Engagement und Community-Aufbau im Social-Media-Marketing. Durch den Einsatz kreativer und einladender Methoden können Marken eine aktive und engagierte Community aufbauen, die nicht nur zuhört, sondern auch mitgestaltet. Dies stärkt die Bindung an die Marke und fördert eine positive Markenwahrnehmung, die über die Grenzen der digitalen Welt hinausreicht.

5.3.2 Community Management:

Richtlinien für das Monitoring, die Moderation und das Engagement innerhalb der Community.

Das Kapitel über Community Management ist das Herzstück jeder Social Media Strategie, insbesondere wenn es um die Interaktion mit dem Publikum geht. Ein effektives Community Management ist der Schlüssel, um eine loyale und engagierte Anhängerschaft aufzubauen. In diesem Kontext sind Richtlinien für das Monitoring, die Moderation und das Engagement innerhalb der Community unerlässlich, um eine positive und produktive Atmosphäre zu fördern.

Beim Monitoring geht es darum, den Puls der Community zu spüren. Es ist vergleichbar mit dem aufmerksamen Lauschen in einem großen Raum voller Gespräche, um die Stimmung zu erfassen und wichtige Themen oder Fragen zu identifizieren. Tools wie Social Listening Plattformen ermöglichen es, Erwähnungen der Marke, Hashtags und relevante Keywords in Echtzeit zu verfolgen. So kann ein Unternehmen zeitnah auf Anfragen reagieren, Trends erkennen und potenzielle Krisenherde frühzeitig identifizieren.

Die Moderation ist das diplomatische Element im Community Management. Hier geht es darum, einen Rahmen zu schaffen, in dem sich alle Mitglieder wohl und respektiert fühlen. Das bedeutet, klare Verhaltensregeln zu etablieren und durchzusetzen, die fördern, dass sich die Diskussionen konstruktiv und respektvoll gestalten. Die Moderation schützt die Community vor Spam, Missbrauch und Off-Topic-Diskussionen. Sie ist das Rückgrat, das eine gesunde, positive Gemeinschaft zusammenhält und gleichzeitig ein offenes Ohr für Feedback und Verbesserungsvorschläge bietet.

Engagement schließlich ist das aktive Eingreifen und Teilnehmen an den Diskussionen innerhalb der Community. Es geht darum, eine Beziehung zu den Mitgliedern aufzubauen, indem man auf Kommentare eingeht, Fragen beantwortet und Inhalte teilt, die für die Community von Interesse sind. Engagement bedeutet auch, die Community-Mitglieder dazu zu ermutigen, sich einzubringen, ihre Meinungen zu teilen und an Gesprächen teilzunehmen. Ein hohes Engagement fördert nicht nur eine lebendige Community, sondern trägt auch dazu bei, die Bindung an die Marke zu stärken.

Ein proaktives Community Management trägt dazu bei, eine vertrauensvolle und engagierte Online-Community aufzubauen. Durch das sorgfältige Monitoring von Gesprächen, die effektive Moderation von Diskussionen und das aktive Engagement mit den Community-Mitgliedern können Unternehmen eine starke, positive Präsenz in den sozialen Medien etablieren. Dies wiederum unterstützt die Erreichung der übergeordneten Marketingziele, indem es die Markenwahrnehmung verbessert, Kundentreue fördert und letztlich zum Unternehmenserfolg beiträgt.

5.3.3 Krisenmanagement:

Vorbereitung auf potenzielle Krisen in sozialen Medien mit einem klaren Aktionsplan.

Im digitalen Zeitalter kann sich eine scheinbar kleine Herausforderung innerhalb kürzester Zeit zu einer umfassenden Krise in den sozialen Medien entwickeln. Vorbereitung und ein klarer Aktionsplan sind deshalb unerlässlich, um potenzielle Krisen effektiv zu managen und die Marke zu schützen. Das Krisenmanagement in sozialen Medien erfordert eine präzise Strategie, die es Unternehmen ermöglicht, schnell und angemessen zu reagieren.

Zu Beginn steht die Entwicklung eines Krisenmanagementplans. Dieser Plan sollte klare Richtlinien darüber enthalten, was eine Krise ausmacht, wer im Krisenfall das Kommunikationsteam bildet und welche Schritte unternommen werden müssen, um die Situation zu entschärfen. Ein entscheidender Faktor ist die Schnelligkeit: Je schneller ein Unternehmen auf eine Krise reagieren kann, desto besser lässt sich der Schaden begrenzen.

Ein effektiver Krisenmanagementplan umfasst die Identifizierung potenzieller Krisenszenarien. Diese können von technischen Störungen über negative Kundenbewertungen bis hin zu unvorhergesehenen Ereignissen reichen, die das Unternehmen oder seine Produkte in ein schlechtes Licht rücken. Für jedes dieser Szenarien sollten spezifische Reaktionsstrategien entwickelt werden, die es ermöglichen, schnell und zielgerichtet zu handeln.

Die Überwachung der sozialen Medien ist ein weiterer kritischer Aspekt des Krisenmanagements. Tools für das Social Listening spielen hierbei eine wichtige Rolle, da sie es Unternehmen ermöglichen, Diskussionen über ihre Marke in Echtzeit zu verfolgen. So können potenzielle Krisen frühzeitig erkannt und angegangen werden, bevor sie sich zu einem größeren Problem entwickeln.

Kommunikation ist das Herzstück des Krisenmanagements in sozialen Medien. Im Krisenfall ist es wichtig, mit einer einheitlichen und klaren Stimme zu sprechen. Die Kommunikation sollte transparent, ehrlich und empathisch sein, um Vertrauen und Verständnis bei den Zielgruppen zu fördern. Das bedeutet auch, Verantwortung für eventuelle Fehler zu übernehmen und konkrete Schritte zur Lösung des Problems aufzuzeigen.

Schließlich ist die Nachbereitung einer Krise genauso wichtig wie die Vorbereitung. Nachdem eine Krise bewältigt wurde, sollten Unternehmen eine gründliche Analyse durchführen, um zu verstehen, was zu der Krise geführt hat, wie effektiv darauf reagiert wurde und was in Zukunft verbessert werden kann. Diese Erkenntnisse sind entscheidend, um den Krisenmanagementplan kontinuierlich zu optimieren und besser auf zukünftige Herausforderungen vorbereitet zu sein.

Ein gut durchdachtes Krisenmanagement in sozialen Medien ermöglicht es Unternehmen, potenzielle Krisen nicht nur zu bewältigen, sondern auch gestärkt aus ihnen hervorzugehen. Durch die Vorbereitung auf das Unerwartete und die Entwicklung eines klaren Aktionsplans können Unternehmen ihre Reputation schützen und das Vertrauen ihrer Zielgruppen langfristig sichern.

5.4 Messung und Analyse

5.4.1 Performance-Indikatoren:

Definition von Key Performance Indicators (KPIs) zur Messung des Erfolgs.

Das Kapitel über Messung und Analyse in der Domäne des digitalen Marketings führt uns in das Reich der Zahlen und Daten, die für Unternehmen von unschätzbarem Wert sind. Besonders die Definition und Anwendung von Key Performance Indicators (KPIs) steht im Mittelpunkt, um den Erfolg von Social Media Aktivitäten messbar zu machen. KPIs sind die Leuchtfeuer in der oft unübersichtlichen Welt der sozialen Medien, die Marketern Orientierung bieten und aufzeigen, ob die eingeschlagene Richtung zum Ziel führt.

Die Auswahl der richtigen KPIs ist entscheidend, denn sie spiegeln die Effektivität der Social Media Strategie wider und helfen dabei, den Return on Investment (ROI) zu berechnen. Doch bevor man sich in die Flut der möglichen Metriken stürzt, ist es wichtig, die Ziele klar zu definieren, die man mit der Social Media Präsenz erreichen möchte. Ob es um Markenbekanntheit, Lead-Generierung, Engagement, Kundenzufriedenheit oder Verkäufe geht, für jedes Ziel gibt es passende KPIs, die den Erfolg messbar machen.

Zu den grundlegenden Performance-Indikatoren gehören die Reichweite und die Impressionen, die aufzeigen, wie viele Menschen mit den Inhalten erreicht wurden. Engagement-Metriken wie Likes, Kommentare, Shares und die Engagement-Rate geben Aufschluss darüber, wie interaktiv die Community ist und wie gut die Inhalte bei der Zielgruppe ankommen. Weitere wichtige KPIs umfassen die Click-Through-Rate (CTR), die die Effektivität von Call-to-Actions misst, sowie die Konversionsrate, die angibt, wie viele der Interaktionen zu gewünschten Aktionen wie Anmeldungen, Downloads oder Käufen führen.

Darüber hinaus spielen auch fortgeschrittene Metriken wie die Kundenakquisitionskosten (CAC) und der Kundenlebenszeitwert (Customer Lifetime Value, CLV) eine Rolle, um den langfristigen Erfolg der Social Media Strategie zu bewerten. Diese KPIs helfen nicht nur dabei, den unmittelbaren Erfolg zu messen, sondern auch die langfristige Rentabilität der Marketingbemühungen zu verstehen.

Die regelmäßige Überwachung und Analyse dieser KPIs ermöglicht es Marketern, Trends zu erkennen, die Performance zu bewerten und die Strategie kontinuierlich zu optimieren. Tools und Plattformen zur Datenanalyse spielen hierbei eine entscheidende Rolle, da sie umfangreiche Datensätze in verständliche Berichte und Dashboards umwandeln, die klare Einblicke in die Performance liefern.

Abschließend ist die Definition und regelmäßige Überprüfung von KPIs ein unverzichtbarer Teil des Social Media Marketings. Sie ermöglichen es Unternehmen, ihre Strategie auf fundierte Weise zu steuern, Investitionen zu rechtfertigen und letztendlich den Erfolg ihrer Aktivitäten in den sozialen Medien zu maximieren. In einer Welt, in der Daten König sind, sind KPIs das Zepter, mit dem Marketingleiter ihr Reich regieren.

5.4.2 Tools zur Analyse:

Überblick über Tools und Plattformen zur Datenerhebung und -analyse.

Im digitalen Marketingzeitalter sind Tools und Plattformen zur Datenerhebung und -analyse unverzichtbare Helfer, die es Unternehmen ermöglichen, die Weite des digitalen Ozeans zu navigieren. Diese Werkzeuge bieten nicht nur Einblicke in die Performance von Social Media Kampagnen, sondern auch tiefgreifende Analysen darüber, wie Zielgruppen mit Markeninhalten interagieren. Die Auswahl des richtigen Analysetools kann den Unterschied zwischen einer gut informierten Entscheidung und einem Schuss ins Blaue bedeuten.

Google Analytics steht an vorderster Front, wenn es um die Analyse von Webseitenverkehr und Benutzerinteraktionen geht. Diese Plattform bietet detaillierte Einblicke in die Herkunft des Traffics, das Verhalten der Besucher auf der Website und die Konversionsraten. Für Social Media Manager ist es ein unverzichtbares Instrument, um den Erfolg von über soziale Kanäle generierten Besuchern zu messen.

Spezialisierte Social Media Analysetools wie Hootsuite, Sprout Social und Buffer bieten umfassende Möglichkeiten, um Leistungsindikatoren über verschiedene Plattformen hinweg zu verfolgen. Diese Tools ermöglichen es, Posts zu planen, zu veröffentlichen und deren Performance in Echtzeit zu überwachen. Sie bieten auch Funktionen für das Social Listening, mit denen Marken Gespräche über sich im Auge behalten können, um Trends zu erkennen und auf Kundenfeedback zu reagieren.

Für eine tiefere Analyse von Kundendaten und -interaktionen sind CRM-Systeme (Customer Relationship Management) wie Salesforce und HubSpot von unschätzbarem Wert. Sie ermöglichen eine 360-Grad-Sicht auf den Kunden, indem sie Daten aus verschiedenen Quellen zusammenführen, was zu einer besseren Segmentierung und gezielteren Marketingkampagnen führt.

Plattform-spezifische Analysetools, wie Facebook Insights oder Twitter Analytics, bieten wertvolle Daten direkt von den jeweiligen Plattformen. Diese Tools geben Aufschluss über die Reichweite, Engagement-Raten und demografische Merkmale der Zielgruppe, was für eine fein abgestimmte Content-Strategie unerlässlich ist.

Neuere Technologien, wie künstliche Intelligenz (KI) und maschinelles Lernen, werden zunehmend in Analysetools integriert, um noch präzisere Vorhersagen über das Verhalten von Zielgruppen zu ermöglichen. Tools, die KI nutzen, können Muster in großen Datenmengen erkennen, die menschlichen Analysten möglicherweise entgehen, und bieten somit einen strategischen Vorteil in der Planung und Optimierung von Kampagnen.

Die effektive Nutzung dieser Tools zur Datenerhebung und -analyse ermöglicht es Unternehmen, ihre Social Media Strategien zu verfeinern, den ROI ihrer Kampagnen zu maximieren und letztendlich eine stärkere Verbindung zu ihrer Zielgruppe aufzubauen. Die Kunst liegt darin, die richtigen Tools auszuwählen, die zur Strategie, den Zielen und dem Budget des Unternehmens passen, und die gewonnenen Erkenntnisse in Aktionen umzusetzen, die echten Mehrwert schaffen.

5.4.3 Anpassung der Strategie:

Nutzung der gesammelten Daten zur Optimierung der Social Media Strategie.

Die Anpassung der Social Media Strategie basierend auf gesammelten Daten ist ein dynamischer und kontinuierlicher Prozess, der das Rückgrat einer erfolgreichen digitalen Marketingkampagne bildet. In diesem Kapitel tauchen wir in die Kunst und Wissenschaft ein, wie Unternehmen ihre Social Media Bemühungen mithilfe von Datenanalyse verfeinern können, um ihre Ziele effektiver zu erreichen.

Der erste Schritt in diesem Prozess ist die Datensammlung durch die in 5.4.2 beschriebenen Tools und Plattformen. Doch die wahre Herausforderung beginnt erst mit der Interpretation dieser Daten. Es geht darum, die richtigen Fragen zu stellen: Welche Inhalte erzielen die höchste Engagement-Rate? Zu welcher Tageszeit sind die Nutzer am aktivsten? Wie reagiert die Zielgruppe auf verschiedene Arten von Posts? Durch das Verständnis dieser Muster können Unternehmen ihre Inhalte, Posting-Zeiten und Engagement-Strategien anpassen, um ihre Reichweite und Resonanz zu maximieren.

Die Anpassung der Strategie bedeutet jedoch nicht nur, erfolgreiche Elemente zu wiederholen, sondern auch, weniger wirksame Ansätze zu identifizieren und zu überdenken. Dies könnte bedeuten, die Art des Contents zu ändern, neue Zielgruppen zu erschließen oder sogar die genutzten Plattformen zu wechseln. Flexibilität und Anpassungsfähigkeit sind hierbei Schlüssel zum Erfolg.

Ein weiterer wichtiger Aspekt ist das Experimentieren. A/B-Tests, bei denen zwei Versionen eines Posts gegeneinander antreten, sind ein effektives Mittel, um herauszufinden, was funktioniert und was nicht. Diese Tests können sich auf verschiedene Elemente beziehen, wie den Call-to-Action, das Bildmaterial oder sogar die Tonalität der Nachricht. Durch kontinuierliches Testen und Lernen aus den Ergebnissen können Unternehmen ihre Social Media Strategie schärfen und optimieren.

Darüber hinaus ist die Anpassung der Strategie nicht nur eine Reaktion auf vergangene Leistungen, sondern sollte auch proaktiv zukünftige Trends und Veränderungen im Nutzerverhalten antizipieren. Die digitale Landschaft ist ständig im Wandel, und was heute funktioniert, könnte morgen schon überholt sein. Daher sollten Unternehmen immer am Puls der Zeit bleiben, indem sie Branchennachrichten folgen, technologische Entwicklungen im Auge behalten und bereit sind, ihre Strategie entsprechend anzupassen.

Zusammenfassend lässt sich sagen, dass die Anpassung der Social Media Strategie auf Basis gesammelter Daten eine fortlaufende Verpflichtung ist. Es ist ein zyklischer Prozess aus Messung, Analyse, Anpassung und Optimierung, der es Unternehmen ermöglicht, ihre Botschaften zu verfeinern, die Zielgruppenbindung zu stärken und ihre Marketingziele effizienter zu erreichen. Indem sie lernen, auf Daten zu reagieren und ihre Strategien entsprechend anzupassen, können Unternehmen die dynamische und sich ständig verändernde Welt der sozialen Medien meistern.

5.5 Integration mit anderen Marketingkanälen

5.5.1 Cross-Promotion:

Nutzung von Social Media zur Unterstützung anderer Marketinginitiativen (z.B. E-Mail-Marketing, Veranstaltungen).

Die Integration von Social Media mit anderen Marketingkanälen durch Cross-Promotion ist ein strategischer Zug, der Synergien zwischen verschiedenen Plattformen und Initiativen schafft. Dieser Ansatz erweitert nicht nur die Reichweite von Marketingbotschaften, sondern verstärkt auch die Wirkung der gesamten Marketingstrategie. In diesem Kapitel beleuchten wir, wie Social Media genutzt werden kann, um andere Marketinginitiativen wie E-Mail-Marketing und Veranstaltungen zu unterstützen, und damit eine kohärente und umfassende Marketingkampagne zu schaffen.

Die Integration mit E-Mail-Marketing ist ein Paradebeispiel für effektive Cross-Promotion. Social Media Plattformen können dazu genutzt werden, die Anmeldung zu E-Mail-Newslettern zu fördern, indem exklusive Inhalte oder Angebote als Anreiz für Abonnements angeboten werden. Gleichzeitig können E-Mails dazu verwendet werden, Follower auf Social Media Kanälen zu gewinnen, indem Links zu den Profilen der Marke in der E-Mail-Signatur oder im Content selbst eingebettet werden. Diese gegenseitige Förderung stärkt die Bindung zur Zielgruppe und erhöht die Wahrscheinlichkeit, dass die Botschaften wahrgenommen werden.

Bei der Unterstützung von Veranstaltungen spielt Social Media eine zentrale Rolle in der Bewerbung und Interaktion. Vor der Veranstaltung können Social Media Kanäle verwendet werden, um Aufmerksamkeit zu generieren, Teilnehmer zu gewinnen und über wichtige Details zu informieren. Während der Veranstaltung ermöglichen Live-Updates, Fotos und Videos eine direkte Einbindung der Follower, die nicht persönlich teilnehmen können. Nach der Veranstaltung bieten Social Media Plattformen eine ausgezeichnete Möglichkeit, Feedback zu sammeln, Highlights zu teilen und die Community für zukünftige Veranstaltungen zu engagieren.

Die Cross-Promotion zwischen Social Media und anderen Marketingkanälen erfordert eine sorgfältige Planung und Koordination. Es ist wichtig, dass die Botschaften auf allen Kanälen konsistent sind und sich gegenseitig ergänzen. Eine integrierte Marketingkampagne sollte so gestaltet sein, dass sie die Stärken jedes einzelnen Kanals nutzt, um ein einheitliches und überzeugendes Markenerlebnis zu schaffen.

Durch die Verbindung von Social Media mit anderen Marketinginitiativen können Unternehmen eine tiefere und breitere Wirkung ihrer Botschaften erzielen. Diese Strategie ermöglicht es, verschiedene Zielgruppen anzusprechen und die Kundenbindung über mehrere Berührungspunkte hinweg zu stärken. Letztlich führt die erfolgreiche Integration und Cross-Promotion zu einer Verstärkung der Markenpräsenz und unterstützt das übergeordnete Ziel, eine langfristige Beziehung zur Zielgruppe aufzubauen.

5.5.2 Omnichannel-Ansätze:

Schaffung einer nahtlosen Nutzererfahrung über verschiedene Berührungspunkte hinweg.

Die Implementierung eines Omnichannel-Ansatzes stellt einen Wendepunkt in der Art und Weise dar, wie Unternehmen mit ihren Kunden interagieren. In einer Welt, in der Konsumenten von einer Vielzahl digitaler und physischer Kanäle umgeben sind, ist es entscheidend, eine nahtlose Nutzererfahrung zu schaffen, die über alle Berührungspunkte hinweg konsistent ist. Dieses Kapitel beleuchtet, wie ein Omnichannel-Ansatz die Lücke zwischen Online- und Offline-Welten schließt, um eine einheitliche und bereichernde Kundenerfahrung zu ermöglichen.

Der Kern eines erfolgreichen Omnichannel-Ansatzes liegt in der Verbindung und Integration aller Kundenkontaktpunkte – von Social Media über E-Mail, Webseiten, mobile Apps bis hin zu physischen Geschäften. Ziel ist es, dass Kunden ihre Interaktion mit einer Marke auf einem Kanal beginnen und nahtlos auf einem anderen fortsetzen können, ohne dabei auf Hindernisse zu stoßen. Ein solcher Ansatz erfordert eine tiefgreifende Verständnis der Kundenreise, um zu erkennen, wie einzelne Kanäle optimal miteinander verknüpft werden können.

Ein Schlüsselelement des Omnichannel-Ansatzes ist die Datenkonsolidierung. Durch die Sammlung und Analyse von Daten über alle Kanäle hinweg können Unternehmen ein umfassendes Bild der Vorlieben und Verhaltensweisen ihrer Kunden gewinnen. Diese Informationen ermöglichen es, personalisierte Erlebnisse zu schaffen, die auf den individuellen Bedürfnissen und Wünschen der Kunden basieren. Beispielsweise kann ein Kunde, der online nach einem Produkt sucht, bei seinem nächsten Besuch in der mobilen App oder im Geschäft personalisierte Empfehlungen erhalten.

Technologie spielt eine entscheidende Rolle bei der Umsetzung von Omnichannel-Strategien. Moderne CRM-Systeme (Customer Relationship Management), fortschrittliche Analysewerkzeuge und künstliche Intelligenz sind unerlässlich, um Daten zu integrieren, Kundensegmente zu identifizieren und personalisierte Marketingbotschaften zu erstellen. Diese Technologien ermöglichen eine dynamische Anpassung der Inhalte und Angebote in Echtzeit, um den Erwartungen der Kunden gerecht zu werden.

Die Herausforderung bei der Implementierung eines Omnichannel-Ansatzes liegt in der Überwindung von Silos innerhalb der Organisation. Eine enge Zusammenarbeit zwischen verschiedenen Abteilungen – Marketing, Vertrieb, Kundenservice und IT – ist erforderlich, um eine kohärente Strategie zu entwickeln und umzusetzen. Dies erfordert oft eine kulturelle Veränderung, bei der der Kunde in den Mittelpunkt aller Überlegungen gestellt wird.

Abschließend ermöglicht ein Omnichannel-Ansatz Unternehmen, eine tiefere und bedeutungsvollere Verbindung zu ihren Kunden aufzubauen. Indem sie eine konsistente und personalisierte Erfahrung über alle Kanäle hinweg bieten, können sie die Kundenzufriedenheit steigern, die Kundenbindung verbessern und letztlich ihren Geschäftserfolg steigern. In der heutigen vernetzten Welt ist die Schaffung einer nahtlosen Nutzererfahrung kein Luxus mehr, sondern eine Notwendigkeit, um im Wettbewerb bestehen zu können.

5.5.3 Synergien und Konflikte:

Identifikation und Management von Synergien und potenziellen Konflikten zwischen verschiedenen Kanälen.

Die Identifikation und das Management von Synergien und potenziellen Konflikten zwischen verschiedenen Marketingkanälen sind entscheidend für die Schaffung einer kohärenten und effektiven Marketingstrategie. In diesem Kapitel werden wir die Bedeutung des harmonischen Zusammenspiels verschiedener Kanäle untersuchen und Strategien aufzeigen, um mögliche Konflikte zu vermeiden oder zu lösen, um eine stärkere, einheitliche Marke zu fördern.

Synergien entstehen, wenn die parallele Nutzung verschiedener Kanäle zu einer verstärkten Wirkung führt, die über die Summe der Einzeleffekte hinausgeht. Beispielsweise kann eine Kampagne, die sowohl in sozialen Medien als auch über E-Mail-Marketing und traditionelle Werbemedien geführt wird, eine breitere Zielgruppe erreichen und die Botschaft verstärken. Die Kunst liegt darin, die Stärken jedes Kanals zu nutzen, um die Gesamtstrategie zu unterstützen. Eine klare und konsistente Botschaft über alle Kanäle hinweg hilft, Verwirrung beim Kunden zu vermeiden und die Markenidentität zu stärken.

Konflikte zwischen verschiedenen Kanälen können jedoch auftreten, wenn Botschaften nicht abgestimmt sind oder wenn Kanäle um Budgets oder Ressourcen konkurrieren. Ein typisches Beispiel für einen solchen Konflikt ist die Kannibalisierung zwischen Online- und Offline-Verkäufen, wenn Kunden, die normalerweise im physischen Geschäft kaufen würden, durch aggressive Online-Promotionen abgezogen werden. Um diese Konflikte zu managen, ist es wichtig, eine integrierte Perspektive einzunehmen, die nicht nur die Leistung einzelner Kanäle, sondern den Beitrag jedes Kanals zum Gesamterfolg der Marke berücksichtigt.

Eine effektive Strategie zur Identifikation und zum Management von Synergien und Konflikten beginnt mit einer umfassenden Analyse der Kundenreise. Durch das Verständnis, wie Kunden mit der Marke über verschiedene Kanäle interagieren, können Unternehmen Bereiche identifizieren, in denen Kanäle sich gegenseitig unterstützen können, und potenzielle Überschneidungen oder Konfliktpunkte erkennen. Datenanalyse und Kundenfeedback spielen eine entscheidende Rolle bei der Gewinnung von Einblicken in die Effektivität und die Wechselwirkungen zwischen Kanälen.

Die Koordination und Kommunikation innerhalb der Organisation sind weitere Schlüsselelemente, um Synergien zu maximieren und Konflikte zu minimieren. Regelmäßige Meetings und gemeinsame Planungssitzungen zwischen den Teams, die verschiedene Kanäle verwalten, fördern ein gemeinsames Verständnis der Ziele und Strategien. Ein integriertes Marketing-Management-System kann ebenfalls dazu beitragen, Kampagnen über verschiedene Kanäle hinweg zu planen, umzusetzen und zu überwachen, um Konsistenz und Effizienz zu gewährleisten.

Abschließend erfordert das Management von Synergien und Konflikten zwischen verschiedenen Marketingkanälen eine strategische Denkweise, die über die Grenzen einzelner Kanäle hinausgeht. Durch die Schaffung einer integrierten Marketingstrategie, die die Stärken jedes Kanals nutzt und auf eine einheitliche Kundenreise abzielt, können Unternehmen eine harmonische und wirkungsvolle Präsenz aufbauen. Die Identifikation und das proaktive Management von Synergien und Konflikten sind dabei entscheidend für den Erfolg in der komplexen und dynamischen Landschaft des modernen Marketings.

6. E-MAIL-MARKETING

6.1 Grundlagen des E-Mail-Marketings

6.1.1 Verständnis von E-Mail-Marketing:

Definition und Bedeutung für IT-Unternehmen.

Im digitalen Zeitalter, in dem wir leben, bleibt E-Mail-Marketing eine der effektivsten und persönlichsten Methoden, um Zielgruppen direkt zu erreichen. Für IT-Unternehmen, die in einem hochkompetitiven Markt operieren, bietet E-Mail-Marketing eine einzigartige Gelegenheit, mit potenziellen und bestehenden Kunden in Kontakt zu treten, Beziehungen aufzubauen und letztendlich Verkäufe und Kundentreue zu fördern. In diesem Kapitel tauchen wir in die Grundlagen des E-Mail-Marketings ein und beleuchten dessen Definition und die zentrale Bedeutung für IT-Unternehmen.

E-Mail-Marketing ist die Praxis, eine Zielgruppe über elektronische Post anzusprechen, mit dem Ziel, kommerzielle Botschaften zu verbreiten, Kundenbeziehungen zu stärken und letztlich den Unternehmenserfolg zu steigern. Diese Form des Marketings ermöglicht es Unternehmen, personalisierte und zielgerichtete Nachrichten zu senden, die auf den individuellen Bedürfnissen und Interessen der Empfänger basieren. Im Gegensatz zu anderen Marketingkanälen, die oft als "One-to-Many" Kommunikation betrachtet werden, ermöglicht E-Mail-Marketing eine "One-to-One" Kommunikation, die eine tiefere und bedeutungsvollere Verbindung zu den Kunden schaffen kann.

Für IT-Unternehmen ist E-Mail-Marketing besonders wertvoll, da es eine direkte Kommunikationslinie zu einer technikaffinen Zielgruppe bietet. IT-Produkte und -Dienstleistungen erfordern oft detaillierte Erklärungen oder Demonstrationen, die sich über E-Mail effektiv vermitteln lassen. E-Mail-Kampagnen können genutzt werden, um Informationen über neue Technologien, Software-Updates, Sicherheitshinweise oder exklusive Angebote zu verbreiten. Darüber hinaus ermöglicht es E-Mail-Marketing, wertvolle Daten über das Engagement und die Vorlieben der Kunden zu sammeln, die für die Verfeinerung der Marketingstrategien und Produktentwicklungen genutzt werden können.

Ein weiterer entscheidender Vorteil des E-Mail-Marketings für IT-Unternehmen liegt in seiner Kosteneffizienz. Im Vergleich zu traditionellen Marketingmethoden bietet E-Mail-Marketing eine kostengünstige Alternative, die gleichzeitig hohe ROI (Return on Investment) Werte erzielen kann. Durch die Nutzung von Automatisierungstools können IT-Unternehmen personalisierte und zeitlich abgestimmte Kampagnen entwickeln, die automatisch an spezifische Segmente ihrer Datenbank gesendet werden, wodurch der Arbeitsaufwand minimiert und die Effizienz maximiert wird.

Zusammenfassend lässt sich sagen, dass E-Mail-Marketing für IT-Unternehmen eine essenzielle Komponente einer umfassenden digitalen Marketingstrategie darstellt. Es ermöglicht nicht nur die direkte Kommunikation mit einer zielgerichteten Zielgruppe, sondern bietet auch die Flexibilität, personalisierte Botschaften zu senden, die Engagement fördern und langfristige Kundenbeziehungen aufbauen. Durch die effektive Nutzung von E-Mail-Marketing können IT-Unternehmen ihre Marktposition stärken, ihren Kundenstamm erweitern und einen nachhaltigen Geschäftserfolg sichern.

6.1.2 Rechtliche Grundlagen:

Einhaltung von Datenschutzbestimmungen
(z.B. DSGVO, CAN-SPAM Act).

Die rechtlichen Grundlagen des E-Mail-Marketings sind ein kritisches Feld, das Unternehmen navigieren müssen, um nicht nur wirksame, sondern auch rechtskonforme Kampagnen durchzuführen. Für IT-Unternehmen, die oft global agieren, ist die Einhaltung der Datenschutzbestimmungen wie der Datenschutz-Grundverordnung (DSGVO) in der Europäischen Union und dem CAN-SPAM Act in den Vereinigten Staaten von entscheidender Bedeutung. In diesem Kapitel beleuchten wir die Wichtigkeit dieser rechtlichen Rahmenbedingungen und bieten einen Überblick darüber, wie

Unternehmen ihre E-Mail-Marketing-Strategien entsprechend gestalten können.

Die DSGVO, die seit Mai 2018 in Kraft ist, zielt darauf ab, den Datenschutz für alle Einzelpersonen innerhalb der Europäischen Union zu stärken und zu vereinheitlichen. Für E-Mail-Marketing bedeutet dies, dass Unternehmen eine ausdrückliche Zustimmung (Opt-in) von den Empfängern einholen müssen, bevor sie ihnen kommerzielle E-Mails senden dürfen. Diese Zustimmung muss spezifisch, informiert und unmissverständlich sein, was oft durch ein klares Opt-in-Verfahren bei der Anmeldung erreicht wird. Zudem müssen Unternehmen den Nutzern die Möglichkeit bieten, ihre Zustimmung jederzeit leicht widerrufen zu können (Opt-out).

Der CAN-SPAM Act, der in den USA gilt, setzt ebenfalls wichtige Standards für kommerzielle Nachrichten. Zu den Anforderungen gehören die Bereitstellung einer klaren Möglichkeit für Empfänger, sich von weiteren E-Mails abzumelden, die korrekte Kennzeichnung von Nachrichten als Werbung und die Angabe einer gültigen postalischen Adresse des Unternehmens in jeder E-Mail. Obwohl der CAN-SPAM Act nicht das Einholen einer vorherigen Zustimmung für das Senden von E-Mails vorschreibt, betont er die Bedeutung der Transparenz und der Möglichkeit für Empfänger, nicht weiter kontaktiert zu werden.

Für IT-Unternehmen, die E-Mail-Marketing betreiben, ist es unerlässlich, diese rechtlichen Anforderungen nicht nur zu erfüllen, sondern sie als integralen Bestandteil ihrer Marketingstrategie zu betrachten. Die Einhaltung dieser Vorschriften schützt nicht nur vor potenziellen rechtlichen Konsequenzen, sondern stärkt auch das Vertrauen der Kunden. In einer Zeit, in der Datenschutz und Datensicherheit zunehmend im Mittelpunkt stehen, kann die Achtung der Privatsphäre der Nutzer und die transparente Kommunikation über die Verwendung ihrer Daten einen positiven Einfluss auf das Markenimage haben.

Um die Einhaltung der rechtlichen Vorgaben zu gewährleisten, sollten IT-Unternehmen sicherstellen, dass ihre Teams geschult sind und über die neuesten Datenschutzbestimmungen informiert bleiben. Die Implementierung von Datenschutz-Management-Systemen und regelmäßige Überprüfungen der E-Mail-Marketing-Praktiken können ebenfalls dazu beitragen, Compliance zu sichern und Risiken zu minimieren.

Zusammenfassend lässt sich sagen, dass die Einhaltung der rechtlichen Grundlagen des E-Mail-Marketings eine essenzielle Verantwortung für IT-Unternehmen darstellt. Indem sie die Datenschutzbestimmungen wie die DSGVO und den CAN-SPAM Act befolgen, können Unternehmen nicht nur rechtliche Sanktionen vermeiden, sondern auch das Vertrauen ihrer Kunden stärken und langfristige, wertvolle Beziehungen aufbauen.

6.2 Aufbau und Verwaltung von E-Mail-Listen

6.2.1 Listenaufbau:

Methoden zum Sammeln von E-Mail-Adressen (z.B. Anmeldeformulare, Lead-Magneten).

Der Aufbau und die Verwaltung von E-Mail-Listen sind fundamentale Aspekte des E-Mail-Marketings, die über den Erfolg oder Misserfolg einer Kampagne entscheiden können. Für IT-Unternehmen, die bestrebt sind, ihre Reichweite zu vergrößern und tiefergehende Beziehungen zu ihren Kunden aufzubauen, ist die effektive Sammlung von E-Mail-Adressen der erste Schritt zur Schaffung einer starken Kommunikationsbasis. In diesem Kapitel werden wir uns auf den Listenaufbau konzentrieren und verschiedene Methoden zum Sammeln von E-Mail-Adressen, wie Anmeldeformulare und Lead-Magneten, beleuchten.

Anmeldeformulare sind eines der grundlegendsten und effektivsten Werkzeuge für den Listenaufbau. Diese Formulare können auf der Unternehmenswebsite, dem Blog oder in den sozialen Medien platziert werden, um Besuchern die Möglichkeit zu geben, sich für den Empfang von E-Mails zu entscheiden. Um die Effektivität dieser Formulare zu maximieren, sollten sie an auffälligen Stellen platziert werden, wie zum Beispiel in der Kopfzeile, am Fuß der Webseite oder als Pop-up, das erscheint, bevor der Besucher die Seite verlässt. Wichtig ist, dass das Formular einfach zu bedienen ist und nur die notwendigsten Informationen abfragt, um den Anmeldeprozess so unkompliziert wie möglich zu gestalten.

Lead-Magneten sind ein weiteres mächtiges Instrument im Arsenal des E-Mail-Marketings. Ein Lead-Magnet ist ein wertvolles Angebot, das im Austausch für die E-Mail-Adresse eines Besuchers bereitgestellt wird. Dies kann ein kostenloser Leitfaden, ein Whitepaper, eine Software-Demo, ein Webinar oder jedes andere Angebot sein, das für die Zielgruppe von hohem Interesse ist. Der Schlüssel zum Erfolg eines Lead-Magneten liegt in seinem Wert für die Zielgruppe; er muss so ansprechend sein, dass die Besucher bereit sind, ihre E-Mail-Adresse im Austausch dafür herzugeben.

Bei der Verwendung beider Methoden ist es entscheidend, Transparenz und Einhaltung der Datenschutzbestimmungen zu gewährleisten. Das bedeutet, klar zu kommunizieren, was die Abonnenten erwarten können, in Bezug auf die Art der Inhalte, die sie erhalten werden, und wie häufig die Kommunikation erfolgen wird. Ebenso wichtig ist es, die Zustimmung der Nutzer in Übereinstimmung mit den geltenden Datenschutzgesetzen, wie der DSGVO, einzuholen.

Der effektive Einsatz von Anmeldeformularen und Lead-Magneten kann IT-Unternehmen dabei helfen, ihre E-Mail-Listen systematisch aufzubauen und zu erweitern. Indem sie wertvolle Inhalte im Austausch für E-Mail-Adressen anbieten, können Unternehmen eine Datenbank von Interessenten erstellen, die bereits ein gewisses Maß an Engagement und Interesse an ihren Produkten oder Dienstleistungen gezeigt haben. Dies bildet die Grundlage für zukünftige Kommunikationen und ermöglicht es Unternehmen, ihre Marketingbotschaften gezielter und effektiver zu gestalten.

6.2.2 Segmentierung:

Techniken zur Unterteilung der E-Mail-Liste basierend auf Verhalten, Präferenzen oder demografischen Daten.

Die Segmentierung von E-Mail-Listen ist eine fortgeschrittene Technik im E-Mail-Marketing, die es Unternehmen ermöglicht, ihre Nachrichten zu personalisieren und relevanter für verschiedene Empfängergruppen zu gestalten. Für IT-Unternehmen, die eine vielfältige Palette an Produkten und Dienstleistungen anbieten, kann die Segmentierung den Unterschied zwischen einer ignorierten E-Mail und einer, die Engagement und Konversionen fördert, bedeuten. In diesem Kapitel erforschen wir verschiedene Techniken zur Segmentierung der E-Mail-Liste basierend auf Verhalten, Präferenzen oder demografischen Daten und wie diese zur Optimierung der E-Mail-Marketing-Strategie eingesetzt werden können.

Die Segmentierung nach demografischen Daten ist eine der grundlegendsten Methoden. Sie umfasst die Aufteilung der E-Mail-Liste nach Alter, Geschlecht, Beruf, Bildungsniveau oder geografischer Lage. Für IT-Unternehmen kann dies bedeuten, verschiedene Nachrichten für Studenten, Fachleute oder Entscheidungsträger in Unternehmen zu erstellen, je nachdem, wie die Produkte oder Dienstleistungen zu den Bedürfnissen dieser Gruppen passen.

Eine weitere leistungsfähige Technik ist die verhaltensbasierte Segmentierung, die das bisherige Engagement und die Interaktionen der Empfänger mit den E-Mails und der Website des Unternehmens berücksichtigt. Dazu gehören Faktoren wie Öffnungsraten, Klickraten, Kaufhistorie und Interaktionen auf der Webseite. Diese Methode ermöglicht es IT-Unternehmen, hochpersonalisierte E-Mails zu versenden, die auf den individuellen Interessen und dem Engagement-Niveau der Empfänger basieren. Beispielsweise könnten Kunden, die kürzlich eine Software-Demo angesehen haben, spezielle Follow-up-E-Mails erhalten, die auf ihre spezifischen Interessen eingehen.

Die Segmentierung nach Präferenzen bietet eine weitere Dimension der Personalisierung. Hierbei teilen Empfänger explizit ihre Interessen und Vorlieben mit, sei es durch die Auswahl von Themen beim Abonnieren des Newsletters oder durch Feedback in Umfragen. IT-Unternehmen können diese Informationen nutzen, um maßgeschneiderte Inhalte zu erstellen, die direkt auf die Interessen der Abonnenten abzielen, von spezialisierten Produktupdates bis hin zu branchenspezifischen Einblicken.

Ein fortschrittlicher Ansatz der Segmentierung nutzt psychografische Daten, die Einblicke in die Persönlichkeit, Werte und Lebensstile der Empfänger bieten. Obwohl diese Art der Segmentierung komplexer in der Umsetzung ist, kann sie IT-Unternehmen helfen, noch tiefere Verbindungen zu ihren Kunden aufzubauen, indem sie Nachrichten senden, die mit den grundlegenden Überzeugungen und dem Lebensstil der Empfänger resonieren.

Um die Segmentierung effektiv umzusetzen, müssen IT-Unternehmen kontinuierlich Daten sammeln, analysieren und die Segmente entsprechend anpassen. Automatisierungstools und E-Mail-Marketing-Plattformen bieten fortschrittliche Funktionen, die die Segmentierung vereinfachen und die Erstellung zielgerichteter Kampagnen unterstützen. Durch die Anwendung dieser Segmentierungstechniken können IT-Unternehmen die Relevanz ihrer E-Mail-Kommunikation steigern, die Engagement-Raten verbessern und letztendlich eine stärkere Beziehung zu ihren Kunden aufbauen.

6.2.3 Listenhygiene:

Regelmäßige Pflege der E-Mail-Liste zur Minimierung von Absprungraten und inaktiven Abonnenten.

Die Pflege der E-Mail-Liste, auch bekannt als Listenhygiene, ist ein kritischer Aspekt des E-Mail-Marketings, der oft übersehen wird. Für IT-Unternehmen, die auf den Erfolg ihrer E-Mail-Kampagnen angewiesen sind, um mit Kunden in Kontakt zu bleiben und ihre Produkte zu bewerben, ist eine saubere und aktuelle E-Mail-Liste entscheidend. Eine gut gepflegte Liste minimiert Absprungraten und den Anteil inaktiver Abonnenten, was die Effektivität der E-Mail-Kommunikation erheblich steigert. In diesem Kapitel beschäftigen wir uns mit den besten Praktiken für die Listenhygiene und wie diese umgesetzt werden können, um die Gesundheit und Leistungsfähigkeit der E-Mail-Liste zu erhalten.

Listenhygiene beginnt mit der regelmäßigen Überprüfung und Entfernung von E-Mail-Adressen, die hart oder weich zurückgewiesen werden. Harte Rückweisungen treten auf, wenn eine E-Mail-Adresse dauerhaft unzustellbar ist, beispielsweise weil sie nicht mehr existiert. Weiche Rückweisungen können temporäre Probleme wie einen vollen Posteingang oder einen Serverfehler darstellen. Während weiche Rückweisungen vorübergehend sein können, ist es wichtig, Adressen mit wiederholten weichen Rückweisungen zu überwachen und gegebenenfalls zu entfernen, um die Zustellbarkeit nicht zu gefährden.

Ein weiterer wichtiger Schritt ist das Identifizieren und Ansprechen von inaktiven Abonnenten. Inaktive Abonnenten sind Empfänger, die über einen längeren Zeitraum keine Ihrer E-Mails geöffnet oder darauf geklickt haben. IT-Unternehmen können Re-Engagement-Kampagnen durchführen, um diese Abonnenten zurückzugewinnen, indem sie ihnen spezielle Angebote senden oder einfach fragen, ob sie weiterhin Interesse am Erhalt von E-Mails haben. Abonnenten, die auch nach solchen Bemühungen inaktiv bleiben, sollten aus der Liste entfernt werden, um die Engagement-Rate zu verbessern und die Relevanz der Kommunikation zu erhöhen.

Die regelmäßige Aktualisierung der E-Mail-Listen durch die Aufforderung zur Überprüfung der Abonnenteninformationen ist eine weitere effektive Technik. Dies kann durch jährliche Update-Kampagnen erfolgen, bei denen Abonnenten gebeten werden, ihre Präferenzen und persönlichen Daten zu bestätigen oder zu aktualisieren. Solche Kampagnen helfen nicht nur, die Daten aktuell zu halten, sondern bieten auch die Gelegenheit, die Beziehung zu den Abonnenten zu stärken und ihre Interessen besser zu verstehen.

Die Implementierung eines einfachen Opt-out-Prozesses ist ebenfalls ein wesentlicher Bestandteil der Listenhygiene. Abonnenten sollten die Möglichkeit haben, sich jederzeit einfach von der Liste abzumelden. Dies trägt nicht nur zur Einhaltung der rechtlichen Anforderungen bei, sondern respektiert auch die Wünsche der Empfänger und verbessert das Gesamtbild der Marke.

Schließlich sollten IT-Unternehmen regelmäßige Audits ihrer E-Mail-Listen durchführen, um sicherzustellen, dass ihre Listenhygiene-Praktiken effektiv sind. Dies beinhaltet die Analyse von Kennzahlen wie Öffnungs-, Klick- und Abmelderaten sowie die Bewertung der Gesamtengagement-Level. Auf diese Weise können sie kontinuierlich Strategien zur Verbesserung ihrer Listenhygiene entwickeln und umsetzen.

Zusammenfassend lässt sich sagen, dass die regelmäßige Pflege der E-Mail-Liste für IT-Unternehmen von entscheidender Bedeutung ist, um die Effektivität ihrer E-Mail-Marketing-Bemühungen zu maximieren. Durch die Anwendung der oben genannten Best Practices für Listenhygiene können Unternehmen sicherstellen, dass ihre E-Mail-Kommunikation relevant bleibt, die Engagement-Raten steigert und letztlich den ROI ihrer E-Mail-Marketing-Kampagnen verbessert.

6.3 Entwicklung von E-Mail-Content

6.3.1 Inhaltsstrategie:

Planung des Inhalts basierend auf Zielen und Zielgruppe.

Die Entwicklung von E-Mail-Content beginnt mit einer durchdachten Inhaltsstrategie, die das Fundament jeder erfolgreichen E-Mail-Marketing-Kampagne bildet. Für IT-Unternehmen, die sich in einem ständig verändernden technologischen Umfeld bewegen, ist die Relevanz und Wertigkeit des Contents entscheidend, um die Aufmerksamkeit und das Engagement der Zielgruppe zu gewinnen und zu halten. In diesem Kapitel beleuchten wir, wie eine effektive Inhaltsstrategie für E-Mail-Marketing entworfen wird, indem wir Ziele definieren und die Inhalte auf die Bedürfnisse und Interessen der Zielgruppe abstimmen.

Der erste Schritt bei der Entwicklung einer Inhaltsstrategie ist die Festlegung klarer Ziele. Was möchten IT-Unternehmen mit ihren E-Mail-Kampagnen erreichen? Die Ziele können vielfältig sein, von der Steigerung des Bewusstseins für neue Produkte oder Dienstleistungen, über die Förderung der Kundenbindung bis hin zur Generierung von Leads oder dem direkten Verkauf. Die Definition spezifischer, messbarer, erreichbarer, relevanter und zeitgebundener (SMART) Ziele ermöglicht es Unternehmen, ihren Content präzise auszurichten und den Erfolg ihrer Kampagnen zu messen.

Nachdem die Ziele festgelegt wurden, muss das nächste Augenmerk auf die Zielgruppe gerichtet werden. Eine tiefgreifende Kenntnis der Zielgruppe ist unerlässlich, um Inhalte zu erstellen, die resonieren und einen Mehrwert bieten. IT-Unternehmen müssen die Bedürfnisse, Interessen, Schmerzpunkte und das Verhalten ihrer Kunden verstehen. Dazu gehört auch das Wissen um die technologische Affinität der Zielgruppe, ihre Präferenzen hinsichtlich der Kommunikation und ihr Engagement-Niveau. Diese Informationen können durch Marktforschung, Analyse von Kundendaten und direktes Feedback gesammelt werden.

Mit klar definierten Zielen und einem tiefen Verständnis der Zielgruppe können IT-Unternehmen beginnen, ihre Inhaltsstrategie zu entwickeln. Diese sollte eine Mischung aus informativen, lehrreichen und unterhaltenden

Inhalten beinhalten, die auf die spezifischen Interessen der Zielgruppe zugeschnitten sind. Für IT-Unternehmen könnte dies technische Anleitungen, Updates zu neuen Technologietrends, Fallstudien erfolgreicher Projekte, Einladungen zu Webinaren oder exklusive Angebote umfassen. Wichtig ist, dass der Content einen klaren Nutzen für den Empfänger bietet und zur Erreichung der gesetzten Ziele beiträgt.

Die Planung des Inhalts sollte auch die Frequenz und den Zeitpunkt der E-Mail-Aussendungen berücksichtigen. Zu häufige E-Mails können als aufdringlich empfunden werden und die Abmeldequote erhöhen, während zu seltene Kommunikation dazu führen kann, dass die Marke in Vergessenheit gerät. Die richtige Balance zu finden und den besten Zeitpunkt für die Aussendung zu wählen, ist entscheidend, um die Aufmerksamkeit der Zielgruppe zu maximieren.

Zusammenfassend ist die Entwicklung einer zielgerichteten Inhaltsstrategie für E-Mail-Marketing eine komplexe Aufgabe, die eine sorgfältige Planung und ein tiefes Verständnis der Zielgruppe erfordert. Indem IT-Unternehmen ihre Ziele klar definieren und Inhalte erstellen, die auf die Bedürfnisse und Interessen ihrer Zielgruppe abgestimmt sind, können sie die Wirksamkeit ihrer E-Mail-Kampagnen steigern, das Engagement fördern und letztendlich ihre Geschäftsziele erreichen.

6.3.2 Personalisierung und Customization:

Anpassung der Inhalte an die Empfänger zur Steigerung der Relevanz und des Engagements.

In der pulsierenden Welt des digitalen Marketings ist die Personalisierung und Customization von E-Mail-Inhalten nicht nur eine Option, sondern eine Notwendigkeit, um aus der Masse hervorzustechen und die Aufmerksamkeit der Empfänger zu fesseln. In diesem Kapitel tauchen wir tief in die Kunst und Wissenschaft ein, wie man Inhalte so anpasst, dass sie für jeden Empfänger nicht nur relevant, sondern auch ansprechend sind, um das Engagement signifikant zu steigern.

Beginnen wir mit der Personalisierung, die über das bloße Einfügen des Namens des Empfängers in die Betreffzeile oder den E-Mail-Text hinausgeht. Es handelt sich um eine fein abgestimmte Strategie, bei der Verhaltensdaten, Vorlieben und Interaktionen der Nutzer genutzt werden, um maßgeschneiderte Nachrichten zu erstellen. Stellen Sie sich vor, Sie erhalten eine E-Mail, die genau auf Ihre jüngsten Suchanfragen oder Käufe abgestimmt ist, mit Produktempfehlungen, die so präzise sind, dass sie fast schon Ihre Gedanken zu lesen scheinen. Das ist die Macht der Personalisierung.

Customization geht noch einen Schritt weiter, indem sie den Empfängern die Kontrolle darüber gibt, welche Art von Inhalten sie erhalten möchten. Durch die Bereitstellung von Optionen in ihren E-Mail-Präferenzen können Unternehmen sicherstellen, dass die Kommunikation nicht nur relevant, sondern auch gewünscht ist. Dies fördert ein positives Markenerlebnis und reduziert die Abmelderate.

Ein Schlüsselelement für den Erfolg dieser Strategien ist die Datenqualität. Um wirklich personalisierte und maßgeschneiderte Inhalte zu liefern, müssen Unternehmen über detaillierte, aktuelle und genaue Daten verfügen. Dies erfordert eine kontinuierliche Datenerfassung und -analyse, um die Inhalte dynamisch anzupassen und zu optimieren.

Die Implementierung von Personalisierung und Customization in E-Mail-Kampagnen führt zu einer deutlich höheren Engagement-Rate, einschließlich höherer Öffnungsraten und Klickdurchsatzraten. Darüber hinaus kann es die Kundenbindung stärken und letztendlich zu höheren Konversionsraten führen. Kunden fühlen sich wertgeschätzt und verstanden, was eine stärkere Markenloyalität fördert.

Die Herausforderung liegt jedoch in der Balance zwischen Personalisierung und Datenschutz. Unternehmen müssen sicherstellen, dass sie die Datenschutzbestimmungen einhalten und das Vertrauen ihrer Kunden nicht missbrauchen, indem sie transparent kommunizieren, wie die Daten verwendet werden, um den Nutzen für den Empfänger zu maximieren.

Abschließend lässt sich sagen, dass die Personalisierung und Customization von E-Mail-Inhalten eine kraftvolle Strategie ist, um die Relevanz und das Engagement in der digitalen Kommunikation zu steigern. Durch den Einsatz von Technologie, Datenanalyse und kreativem Content-Marketing können Unternehmen eine tiefere Verbindung zu ihren Kunden aufbauen und ihre Marketingziele effektiver erreichen.

6.3.3 Design und Layout:

Best Practices für die Gestaltung von E-Mails, die auf allen Geräten gut lesbar sind.

Das Design und Layout von E-Mails spielen eine entscheidende Rolle in der digitalen Kommunikationsstrategie eines Unternehmens. In einer Zeit, in der Empfänger ihre E-Mails auf einer Vielzahl von Geräten mit unterschiedlichen Bildschirmgrößen lesen – von Smartphones über Tablets bis hin zu Desktop-Computern –, ist es unerlässlich, dass jede E-Mail so gestaltet ist, dass sie auf jedem Gerät optimal dargestellt wird. Dieses Kapitel widmet sich den Best Practices für die Gestaltung von E-Mails, die nicht nur die Lesbarkeit und Benutzerfreundlichkeit sicherstellen, sondern auch die Markenidentität stärken und die Botschaft effektiv übermitteln.

Zuallererst ist die Verwendung eines responsiven Designs nicht verhandelbar. Responsive E-Mail-Designs passen sich automatisch an die Größe des Bildschirms an, auf dem sie angezeigt werden. Dies stellt sicher, dass Ihr Layout, Ihre Schriftgrößen und Ihre Bilder auf jedem Gerät gut aussehen und leicht lesbar sind. Ein responsives Design erhöht die Wahrscheinlichkeit, dass Ihre Nachricht gelesen und verstanden wird, unabhängig davon, wo und wie der Empfänger sie öffnet.

Ein weiterer wichtiger Aspekt ist die Einfachheit und Klarheit des Designs. Eine überladene E-Mail kann überwältigend wirken und Empfänger davon abhalten, die Hauptbotschaft zu erfassen. Halten Sie Ihr Design sauber und fokussiert, mit viel Weißraum, um die Lesbarkeit zu verbessern. Verwenden Sie kurze Absätze und Aufzählungszeichen, um Informationen leicht verdaulich zu machen. Dies erleichtert es den Empfängern, die wichtigsten Punkte Ihrer E-Mail schnell zu erfassen.

Die Wahl der Schriftarten ist ebenfalls entscheidend. Verwenden Sie web-sichere, leicht lesbare Schriftarten und stellen Sie sicher, dass die Schriftgröße groß genug ist, um auf kleinen Bildschirmen ohne Zoomen lesbar zu sein. Experten empfehlen eine Mindestschriftgröße von 14px für den Textkörper und 22px für Überschriften.

Bilder und Grafiken können Ihre Botschaft verstärken und Ihre E-Mail visuell ansprechender machen, aber sie sollten mit Bedacht eingesetzt werden. Zu viele oder zu große Bilder können die Ladezeiten erhöhen, besonders auf mobilen Geräten mit langsameren Internetverbindungen. Außerdem ist es wichtig, alternative Textbeschreibungen (Alt-Texte) für Bilder zu verwenden, damit Empfänger, die Bilder nicht laden können oder E-Mail-Clients nutzen, die Bilder standardmäßig blockieren, dennoch den Kontext verstehen können.

Schließlich ist es entscheidend, dass Ihre E-Mails einen klaren Call-to-Action (CTA) enthalten. Ihr CTA sollte visuell hervorstechen, sei es durch die Verwendung von Farben, die sich von dem Rest der E-Mail abheben, oder durch eine Schaltflächengestaltung, die zum Klicken einlädt. Platzieren Sie Ihren CTA prominent, idealerweise so, dass er ohne Scrollen sichtbar ist, um die Konversionsrate zu maximieren.

Zusammenfassend lässt sich sagen, dass ein durchdachtes Design und Layout essentiell sind, um sicherzustellen, dass Ihre E-Mail-Kommunikation effektiv ist. Indem Sie diese Best Practices befolgen, können Sie die Lesbarkeit verbessern, das Engagement erhöhen und letztlich die Wirksamkeit Ihrer E-Mail-Marketingkampagnen steigern.

6.4 Durchführung von E-Mail-Kampagnen

6.4.1 Kampagnenarten:

Unterschiedliche Typen von E-Mail-Kampagnen (z.B. Newsletter, Transaktions-E-Mails, Trigger-E-Mails).

Das Geheimnis erfolgreicher E-Mail-Marketingstrategien liegt in der Vielfalt und gezielten Anwendung unterschiedlicher Typen von E-Mail-Kampagnen. Jede Kampagne erfüllt spezifische Funktionen im Marketingmix und spricht die Empfänger auf unterschiedliche Weise an, abhängig von deren individuellen Bedürfnissen und dem Kontext ihrer Interaktion mit Ihrer Marke. In diesem Kapitel werden wir die drei wesentlichen Kampagnenarten – Newsletter, Transaktions-E-Mails und Trigger-E-Mails – detailliert betrachten, um zu verstehen, wie sie eingesetzt werden können, um Engagement, Kundentreue und letztlich Umsatz zu steigern.

Beginnen wir mit den Newslettern, dem Rückgrat vieler E-Mail-Marketingstrategien. Newsletter dienen dazu, die Abonnenten regelmäßig mit wertvollen Inhalten zu versorgen, seien es Unternehmensnachrichten, Brancheneinblicke oder hilfreiche Tipps. Ihr Hauptziel ist es, die Marke im Bewusstsein der Abonnenten zu halten und eine kontinuierliche Beziehung aufzubauen. Ein gut gestalteter Newsletter kann eine treue Leserschaft aufbauen, die sich auf die regelmäßigen Updates freut. Wichtig hierbei ist eine ausgewogene Mischung aus informativen und unterhaltenden Inhalten, die den Leser bereichern und nicht überfordern.

Transaktions-E-Mails sind jene Nachrichten, die automatisch als Reaktion auf eine spezifische Aktion eines Nutzers versendet werden, beispielsweise eine Bestellbestätigung, eine Versandbenachrichtigung oder eine Passwortänderung. Diese E-Mails haben eine außerordentlich hohe Öffnungsrate, da sie Informationen enthalten, die der Empfänger erwartet und benötigt. Transaktions-E-Mails bieten eine einzigartige Gelegenheit, nützliche Informationen mit gezielten Marketingbotschaften zu verbinden, beispielsweise durch das Anbieten ähnlicher Produkte, Kundenbewertungen oder exklusiver Rabatte für zukünftige Käufe.

Trigger-E-Mails hingegen sind automatisierte Nachrichten, die durch bestimmte Verhaltensweisen oder Ereignisse im Lebenszyklus eines Kunden ausgelöst werden. Beispiele hierfür sind Geburtstagsgrüße, Erinnerungen an verlassene Warenkörbe oder personalisierte Empfehlungen basierend auf früheren Käufen. Diese E-Mails sind hochgradig personalisiert und zeitnah, was sie besonders wirksam macht. Sie spielen eine zentrale Rolle dabei, die Kundenbindung zu stärken, indem sie den Kunden das Gefühl geben, dass das Unternehmen ihre Bedürfnisse und Vorlieben kennt und wertschätzt.

Jede dieser Kampagnenarten trägt auf ihre Weise dazu bei, eine starke Beziehung zwischen Marke und Kunde aufzubauen. Newsletter nähren diese Beziehung mit wertvollen Inhalten, Transaktions-E-Mails verstärken das Vertrauen durch relevante Informationen nach einer Transaktion, und Trigger-E-Mails personalisieren das Kundenerlebnis durch maßgeschneiderte Kommunikation. Die geschickte Kombination dieser Kampagnenarten ermöglicht es Unternehmen, ein umfassendes E-Mail-Marketingprogramm zu entwickeln, das Engagement fördert, die Kundenbindung stärkt und letztendlich den Umsatz steigert.

6.4.2 Timing und Frequenz:

Bestimmung des optimalen Zeitpunkts und der Häufigkeit für den Versand.

Das richtige Timing und die angemessene Frequenz für den Versand von E-Mail-Kampagnen sind entscheidende Faktoren, die über den Erfolg oder Misserfolg Ihrer Marketingbemühungen entscheiden können. Ein zu häufiger Versand kann zu Abmeldungen führen, während ein zu seltener Versand die Gefahr birgt, dass Ihre Marke in Vergessenheit gerät. In diesem Kapitel tauchen wir tief in die Strategien ein, mit denen Sie den optimalen Zeitpunkt und die ideale Frequenz für Ihre E-Mail-Kampagnen ermitteln können, um maximale Wirkung zu erzielen.

Beginnen wir mit dem Timing. Die Bestimmung des optimalen Zeitpunkts für den Versand Ihrer E-Mails hängt von mehreren Faktoren ab, einschließlich der Zielgruppe, der Art der E-Mail und der Branche. Allgemein hat die Forschung gezeigt, dass E-Mails, die unter der Woche, insbesondere von Dienstag bis Donnerstag, versendet werden, die höchsten Öffnungsraten aufweisen. Die Tageszeit ist ebenfalls wichtig; E-Mails, die in den frühen Morgenstunden oder später am Nachmittag versendet werden, haben oft bessere Chancen, geöffnet zu werden. Es ist jedoch wichtig zu betonen, dass es keine Einheitslösung gibt. Die Präferenzen Ihrer Zielgruppe können sich erheblich von diesen allgemeinen Trends unterscheiden, weshalb es entscheidend ist, A/B-Tests durchzuführen, um zu ermitteln, was für Ihr Publikum am besten funktioniert.

Was die Frequenz betrifft, so ist die goldene Regel, die Balance zwischen Präsenz und Penetranz zu finden. Ein guter Ausgangspunkt ist der wöchentliche oder zweiwöchentliche Versand von Newslettern. Für andere Arten von E-Mails, wie Trigger- oder Transaktions-E-Mails, bestimmt die Interaktion des Nutzers mit Ihrer Website oder Ihrem Produkt die Frequenz. Eine effektive Strategie besteht darin, den Abonnenten die Möglichkeit zu geben, ihre bevorzugte Kommunikationsfrequenz selbst zu wählen. Dies nicht nur erhöht die Zufriedenheit der Empfänger, sondern verbessert auch die Gesamteffektivität Ihrer E-Mail-Kampagnen.

Eine dynamische Anpassung der Frequenz basierend auf dem Engagement-Niveau des Empfängers kann ebenfalls von Vorteil sein. Empfänger, die regelmäßig Ihre E-Mails öffnen und darauf reagieren, könnten offen für häufigere Kommunikation sein, während es ratsam sein kann, die Frequenz für weniger engagierte Empfänger zu reduzieren, um Abmeldungen zu vermeiden.

Schließlich ist es wichtig, die Leistung Ihrer E-Mail-Kampagnen kontinuierlich zu überwachen und die Timing- und Frequenzstrategien entsprechend anzupassen. Die Nutzung von E-Mail-Marketing-Tools, die detaillierte Analysen und Berichte bieten, kann Ihnen wertvolle Einblicke geben, mit denen Sie Ihre Strategien verfeinern und optimieren können.

Zusammenfassend lässt sich sagen, dass das Finden des optimalen Timings und der richtigen Frequenz für Ihre E-Mail-Kampagnen eine fortlaufende Aufgabe ist, die eine sorgfältige Analyse und Anpassung erfordert. Durch das Verstehen und Berücksichtigen der Bedürfnisse und Präferenzen Ihrer Zielgruppe können Sie eine E-Mail-Strategie entwickeln, die nicht nur das Engagement fördert, sondern auch den langfristigen Erfolg Ihrer Marketingbemühungen sichert.

6.4.3 A/B-Testing:

Durchführung von Tests mit unterschiedlichen E-Mail-Varianten zur Optimierung von Betreffzeilen, Inhalten und Call-to-Actions.

A/B-Testing, auch bekannt als Split-Testing, ist eine Methode, die es Marketern ermöglicht, verschiedene Versionen einer E-Mail gegeneinander zu testen, um herauszufinden, welche Variante die beste Performance in Bezug auf Öffnungsraten, Klicks und Konversionen liefert. Diese Methode ist von unschätzbarem Wert, wenn es darum geht, die Effektivität von Betreffzeilen, Inhalten und Call-to-Actions (CTAs) zu optimieren. In diesem Kapitel werden wir uns darauf konzentrieren, wie Sie A/B-Tests effektiv durchführen können, um Ihre E-Mail-Marketingkampagnen zu verfeinern und zu verbessern.

Der erste Schritt im A/B-Testing ist die Auswahl eines Elements, das getestet werden soll. Die häufigsten Testelemente sind die Betreffzeile, da sie einen großen Einfluss auf die Öffnungsrate hat, der Inhalt der E-Mail, der das Engagement und die Handlungsaufforderung bestimmt, sowie der CTA, der entscheidend für die Konversionsrate ist. Es ist wichtig, jeweils nur ein Element zu testen, um sicherzustellen, dass Sie genau wissen, welche Änderung die Ergebnisse beeinflusst hat.

Sobald Sie sich für ein Testelement entschieden haben, erstellen Sie zwei Varianten Ihrer E-Mail: Version A (die Kontrollversion) und Version B (die Variante mit einer Änderung in dem gewählten Element). Diese Varianten werden dann an zwei ähnlich große und statistisch vergleichbare Gruppen innerhalb Ihrer E-Mail-Liste gesendet. Durch den Vergleich der Reaktionen auf beide E-Mails können Sie feststellen, welche Variante effektiver ist.

Die Durchführung von A/B-Tests erfordert eine sorgfältige Planung und Aufmerksamkeit für Details. Stellen Sie sicher, dass beide Gruppen zur gleichen Zeit versendet werden, um externe Einflussfaktoren wie Tageszeit oder Wochentag zu minimieren. Zudem ist es entscheidend, eine signifikante Stichprobengröße zu wählen, um aussagekräftige Ergebnisse zu erhalten. Die Definition, was als "signifikant" gilt, kann variieren, aber in der Regel suchen Sie nach statistischer Signifikanz, die bestätigt, dass die Unterschiede in der Leistung nicht zufällig sind.

Nachdem Sie Ihre A/B-Tests durchgeführt haben, analysieren Sie die Ergebnisse, um zu sehen, welche Version die höhere Öffnungsrate, Klickrate oder Konversionsrate erzielt hat. Diese Erkenntnisse sollten dann genutzt werden, um zukünftige E-Mail-Kampagnen zu optimieren. Es ist auch wichtig, die Erkenntnisse aus Ihren Tests zu dokumentieren, damit Sie im Laufe der Zeit eine Wissensdatenbank aufbauen können, die bei der Planung zukünftiger Kampagnen hilfreich ist.

A/B-Testing ist kein einmaliges Projekt, sondern ein kontinuierlicher Prozess der Verbesserung. Marktbedingungen ändern sich, ebenso wie die Präferenzen Ihrer Zielgruppe. Indem Sie regelmäßig verschiedene Aspekte Ihrer E-Mails testen, können Sie sicherstellen, dass Ihre Kampagnen so effektiv wie möglich bleiben und sich an die sich wandelnden Bedürfnisse und Verhaltensweisen Ihrer Empfänger anpassen.

Zusammengefasst ist A/B-Testing ein kritischer Bestandteil einer jeden erfolgreichen E-Mail-Marketingstrategie. Es ermöglicht Marketern, fundierte Entscheidungen zu treffen, die auf realen Daten basieren, und somit die Wirksamkeit ihrer E-Mail-Kampagnen systematisch zu verbessern. Durch die kontinuierliche Anwendung von A/B-Testing können Sie nicht nur die Performance Ihrer E-Mails steigern, sondern auch tiefergehende Einblicke in die Vorlieben und Verhaltensweisen Ihrer Zielgruppe gewinnen.

6.5 Analyse und Optimierung

6.5.1 Metriken und KPIs:

Wichtige Leistungsindikatoren für E-Mail-Marketing (z.B. Öffnungsrate, Klickrate, Konversionsrate).

Die Analyse und Optimierung von E-Mail-Marketingkampagnen ist ein fortlaufender Prozess, der entscheidend für den langfristigen Erfolg ist. Um diesen Prozess effektiv zu gestalten, ist es unerlässlich, sich auf Metriken und Key Performance Indicators (KPIs) zu stützen, die Aufschluss über die Leistung Ihrer Kampagnen geben. In diesem Kapitel konzentrieren wir uns auf die wichtigsten Leistungsindikatoren, die jeder E-Mail-Marketer kennen sollte: Öffnungsrate, Klickrate und Konversionsrate. Diese KPIs sind die Grundpfeiler für die Bewertung des Erfolgs Ihrer E-Mail-Strategie und bieten wertvolle Einblicke, die zur Optimierung Ihrer zukünftigen Kampagnen genutzt werden können.

Die **Öffnungsrate** ist ein grundlegender Indikator, der misst, welcher Prozentsatz Ihrer E-Mails von den Empfängern geöffnet wird. Eine hohe Öffnungsrate deutet darauf hin, dass Ihre Betreffzeilen effektiv sind und das Interesse Ihrer Zielgruppe wecken. Sie gibt Ihnen auch einen ersten Hinweis auf die Gesundheit Ihrer E-Mail-Liste und die Relevanz Ihrer Inhalte für Ihr Publikum. Die Optimierung der Betreffzeile durch A/B-Testing, wie im vorherigen Kapitel beschrieben, ist eine effektive Methode, um die Öffnungsrate zu verbessern.

Die **Klickrate** (Click-Through-Rate, CTR) gibt an, welcher Anteil der E-Mail-Empfänger auf einen oder mehrere Links innerhalb Ihrer E-Mail geklickt hat. Diese Metrik ist besonders wertvoll, da sie zeigt, wie gut Ihre Inhalte und Calls-to-Action (CTAs) das Engagement und das Interesse der Leser fördern. Eine niedrige Klickrate kann ein Hinweis darauf sein, dass Ihre Nachrichten nicht überzeugend genug sind oder dass die angebotenen Inhalte nicht den Erwartungen oder Bedürfnissen Ihrer Zielgruppe entsprechen. Durch die Anpassung Ihrer Inhalte und das Experimentieren mit verschiedenen CTA-Designs und -Positionierungen können Sie versuchen, diese Rate zu steigern.

Die **Konversionsrate** ist der Prozentsatz der Empfänger, die nach dem Klicken auf einen Link in Ihrer E-Mail eine gewünschte Aktion durchführen, beispielsweise einen Kauf tätigen oder ein Formular ausfüllen. Diese Metrik ist entscheidend für die Messung des direkten Erfolgs Ihrer E-Mail-Kampagnen in Bezug auf die Erreichung spezifischer Geschäftsziele. Eine hohe Konversionsrate ist ein klares Zeichen dafür, dass Ihre E-Mails nicht nur Aufmerksamkeit erregen und zum Klicken anregen, sondern auch effektiv dazu motivieren, die gewünschten Aktionen zu vollziehen. Die Optimierung der Landing-Page, die Personalisierung der Angebote und die Klarheit der CTAs sind Schlüsselelemente zur Verbesserung dieser Metrik.

Neben diesen Haupt-KPIs gibt es weitere Metriken wie die Abmelderate (Unsubscribe Rate), die Bounce-Rate und die Rate der E-Mail-Weiterleitungen, die ebenfalls wertvolle Einblicke bieten können. Eine gründliche Analyse dieser Indikatoren ermöglicht es Marketern, die Effektivität ihrer E-Mail-Kampagnen zu bewerten und gezielte Optimierungen vorzunehmen.

Zusammenfassend ist die kontinuierliche Überwachung und Analyse von Metriken und KPIs essenziell, um die Leistung Ihrer E-Mail-Marketingstrategie zu verstehen und zu verbessern. Indem Sie diese Daten nutzen, um Ihre Ansätze zu verfeinern, können Sie nicht nur die Engagement-Raten erhöhen, sondern auch einen stärkeren ROI für Ihre E-Mail-Marketingbemühungen erzielen.

6.5.2 Analysetools:

Werkzeuge und Software zur Überwachung und Analyse der E-Mail-Performance.

Für E-Mail-Marketer ist es entscheidend, nicht nur die richtigen Metriken und KPIs zu kennen, sondern auch die effektivsten Werkzeuge und Softwarelösungen zur Überwachung und Analyse der E-Mail-Performance einzusetzen. Diese Tools bieten nicht nur präzise Daten über die Leistung Ihrer E-Mail-Kampagnen, sondern ermöglichen auch tiefergehende Einblicke in das Verhalten und die Vorlieben Ihrer Zielgruppe. In diesem Kapitel stellen wir eine Auswahl von Analysetools vor, die für jeden E-Mail-Marketer unverzichtbar sind, um die Effektivität ihrer Strategien zu maximieren.

Eines der grundlegendsten und am weitesten verbreiteten Tools ist **Google Analytics**. Obwohl es nicht ausschließlich für E-Mail-Marketing entwickelt wurde, ermöglicht es Marketern, den Traffic und die Konversionen zu verfolgen, die durch E-Mail-Kampagnen auf ihre Website oder Landing-Pages generiert werden. Durch die Einrichtung spezifischer UTM-Parameter für E-Mail-Kampagnen können Sie genau sehen, wie Empfänger interagieren, nachdem sie auf einen Link in Ihrer E-Mail geklickt haben. Diese Informationen sind entscheidend für das Verständnis der Customer Journey und die Optimierung der Konversionspfade.

Für eine spezialisiertere Analyse bieten Plattformen wie **Mailchimp**, **Constant Contact** und **Campaign Monitor** integrierte Analysefunktionen, die speziell auf E-Mail-Marketing ausgerichtet sind. Diese Tools bieten detaillierte Berichte zu Öffnungsraten, Klickraten, Konversionsraten und anderen wichtigen Metriken. Darüber hinaus ermöglichen sie Segmentierungen und A/B-Tests direkt innerhalb der Plattform, wodurch es einfacher wird, Optimierungen basierend auf Leistungsdaten vorzunehmen.

Für fortgeschrittene Nutzer und größere Unternehmen bietet **Marketo** eine umfassende Marketing-Automatisierungsplattform, die tiefergehende Analysen und Segmentierungsmöglichkeiten bietet. Marketo ermöglicht es, die Interaktionen von Leads und Kunden über E-Mails hinaus zu verfolgen und bietet eine integrierte Ansicht der Performance über alle Marketingkanäle hinweg. Dies ist besonders nützlich für Unternehmen, die eine detaillierte Einsicht in ihre Marketing-Funnel und die Effektivität ihrer Lead-Nurturing-Strategien benötigen.

Ein weiteres leistungsfähiges Tool ist **HubSpot**, das neben E-Mail-Marketing auch Funktionen für CRM, Content-Management und Social Media Marketing bietet. HubSpot ist besonders wertvoll für Unternehmen, die eine 360-Grad-Sicht auf ihre Kundeninteraktionen suchen und ihre E-Mail-Kampagnen nahtlos in eine breitere Inbound-Marketing-Strategie integrieren möchten.

Zu guter Letzt ermöglicht **Litmus** eine tiefgreifende Analyse der E-Mail-Zustellbarkeit und des Designs. Mit Litmus können Marketer sicherstellen, dass ihre E-Mails korrekt in verschiedenen E-Mail-Clients und Geräten dargestellt werden. Außerdem bietet es Tools für Spam-Tests und die Visualisierung der Kundeninteraktion innerhalb der E-Mail, was für die Optimierung des Designs und Inhalts unerlässlich ist.

Die Auswahl des richtigen Analysetools hängt von den spezifischen Bedürfnissen Ihres Unternehmens, der Größe Ihrer E-Mail-Liste und den Zielen Ihrer Kampagnen ab. Durch die Nutzung dieser Tools können Sie nicht nur die Leistung Ihrer E-Mails in Echtzeit überwachen, sondern auch wertvolle Einblicke gewinnen, die zur kontinuierlichen Verbesserung Ihrer E-Mail-Marketingstrategie beitragen.

6.5.3 Feedbackschleifen:

Nutzung von Rückmeldungen und Leistungsdaten zur kontinuierlichen Verbesserung der E-Mail-Strategie.

Die Einrichtung effektiver Feedbackschleifen ist ein entscheidender Schritt zur kontinuierlichen Verbesserung Ihrer E-Mail-Marketingstrategie. Durch das Sammeln und Analysieren von Rückmeldungen und Leistungsdaten können Sie tiefergehende Einblicke in die Vorlieben, das Verhalten und die Bedürfnisse Ihrer Zielgruppe gewinnen. Diese Informationen sind von unschätzbarem Wert, um Ihre E-Mail-Kampagnen präziser auf die Erwartungen Ihrer Empfänger auszurichten und so die Effektivität Ihrer Kommunikation zu steigern. In diesem Kapitel werden wir uns ansehen, wie Sie

Feedbackschleifen in Ihre E-Mail-Strategie integrieren und nutzen können, um eine stetige Optimierung zu gewährleisten.

Zunächst ist es wichtig, direktes Feedback von Ihren Empfängern zu sammeln. Dies kann durch Umfragen, die in Ihren E-Mails oder auf Ihrer Website eingebettet sind, Feedback-Buttons in den E-Mails selbst oder durch direkte Aufforderungen zur Rückmeldung erfolgen. Indem Sie Ihre Empfänger direkt nach ihrer Meinung fragen, signalisieren Sie, dass Sie ihre Bedürfnisse und Vorlieben ernst nehmen. Zudem erhalten Sie wertvolle Einsichten, die über reine Leistungsdaten hinausgehen.

Neben direktem Feedback ist die Analyse von Leistungsdaten ein wesentlicher Bestandteil effektiver Feedbackschleifen. Dazu gehören Metriken wie Öffnungsrate, Klickrate, Konversionsrate und Abmelderate. Durch das kontinuierliche Monitoring dieser KPIs können Sie Trends erkennen, Erfolge wiederholen und Bereiche identifizieren, in denen Optimierungsbedarf besteht. Fortschrittliche Analysetools und -plattformen bieten hierfür umfangreiche Funktionen, die es ermöglichen, Leistungsdaten in Echtzeit zu überwachen und zu analysieren.

Ein weiterer wichtiger Aspekt von Feedbackschleifen ist das Testing. Durch kontinuierliche A/B-Tests verschiedener Elemente Ihrer E-Mails, wie Betreffzeilen, Inhalte und CTAs, können Sie basierend auf direktem Nutzerverhalten lernen, was am besten funktioniert. Diese Tests liefern konkrete Daten, die es Ihnen ermöglichen, fundierte Entscheidungen über die Gestaltung Ihrer E-Mail-Kampagnen zu treffen.

Darüber hinaus ist die Integration von E-Mail-Marketingdaten mit anderen Datenquellen, wie CRM-Systemen und Webanalysetools, von großer Bedeutung. Dies ermöglicht eine ganzheitliche Sicht auf die Interaktionen und das Verhalten Ihrer Kunden über verschiedene Kanäle hinweg. Durch das Verständnis, wie E-Mail-Marketing in den breiteren Kontext der Customer Journey passt, können Sie gezielte Verbesserungen vornehmen, die die Kundenerfahrung insgesamt verbessern.

Zuletzt ist es entscheidend, eine Kultur der kontinuierlichen Verbesserung zu etablieren. Feedbackschleifen sollten nicht als einmalige Aufgabe, sondern als integraler Bestandteil Ihrer E-Mail-Marketingstrategie betrachtet werden. Durch regelmäßige Überprüfungen und Anpassungen Ihrer Kampagnen auf Basis von Rückmeldungen und Leistungsdaten können Sie sicherstellen, dass Ihre E-Mail-Kommunikation stets relevant, ansprechend und effektiv bleibt.

Zusammenfassend bieten Feedbackschleifen eine systematische Methode, um aus direktem Feedback, Leistungsdaten und Nutzerverhalten zu lernen und diese Erkenntnisse zur stetigen Optimierung Ihrer E-Mail-Strategie zu nutzen. Durch die bewusste Einbindung dieser Schleifen in Ihren Marketingprozess können Sie die Bindung zu Ihren Empfängern stärken und die Effektivität Ihrer Kommunikation kontinuierlich verbessern.

6.6 Integration in die Gesamtmarketingstrategie

6.6.1 Cross-Channel-Marketing:

Abstimmung von E-Mail-Marketingaktivitäten mit anderen Kanälen (z.B. Social Media, SEM).

Die Integration von E-Mail-Marketingaktivitäten in eine umfassende Gesamtmarketingstrategie, insbesondere durch Cross-Channel-Marketing, ist entscheidend, um eine kohärente und verstärkte Markenbotschaft über alle Berührungspunkte hinweg zu gewährleisten. In diesem Kapitel wird erörtert, wie E-Mail-Marketing effektiv mit anderen Kanälen wie Social Media und Suchmaschinenmarketing (SEM) abgestimmt werden kann, um Synergien zu schaffen, die die Reichweite und Effektivität Ihrer Marketingbemühungen insgesamt steigern.

Cross-Channel-Marketing erfordert eine strategische Planung und Koordination, um sicherzustellen, dass alle Marketingaktivitäten auf gemeinsame Ziele ausgerichtet sind und sich gegenseitig ergänzen. Beginnen wir mit der Integration von E-Mail-Marketing und Social Media. Diese beiden Kanäle bieten einzigartige Möglichkeiten für Interaktion und Engagement und können gemeinsam genutzt werden, um Ihre Zielgruppe zu erweitern und zu vertiefen. Eine Strategie könnte beispielsweise darin bestehen, Inhalte Ihrer E-Mail-Kampagnen auf Social Media zu teilen, um eine größere Sichtbarkeit zu erzielen. Umgekehrt können Sie Social Media nutzen, um die Anmeldung zu Ihrem E-Mail-Newsletter zu fördern, indem Sie exklusive Inhalte oder Angebote als Anreiz bieten. Durch die Verknüpfung dieser Kanäle können Sie eine Community aufbauen, die sowohl online als auch über E-Mails mit Ihrer Marke interagiert.

Die Abstimmung mit Suchmaschinenmarketing (SEM) ist eine weitere wichtige Facette des Cross-Channel-Marketings. SEM kann dazu beitragen, die Sichtbarkeit Ihrer Marke in Suchmaschinen zu erhöhen und gezielten Traffic auf Ihre Website oder spezifische Landing-Pages zu lenken. Durch die Integration von E-Mail-Marketing können Sie die durch SEM gewonnenen Leads weiter pflegen, indem Sie ihnen maßgeschneiderte E-Mail-Inhalte bieten, die auf ihre Interessen und ihr Engagement zugeschnitten sind. Beispielsweise können Sie für Nutzer, die über SEM auf eine bestimmte Produktseite gelangt sind, gezielte Follow-up-E-Mails mit weiteren Informationen, Kundenbewertungen oder speziellen Angeboten für dieses Produkt senden.

Eine erfolgreiche Cross-Channel-Strategie erfordert auch eine konsistente und abgestimmte Kommunikation über alle Kanäle hinweg. Die Botschaften, die Sie über E-Mails, Social Media und SEM verbreiten, sollten einheitlich sein und sich gegenseitig verstärken. Dies trägt dazu bei, eine starke und kohärente Markenidentität aufzubauen, die das Vertrauen und die Loyalität Ihrer Zielgruppe fördert.

Darüber hinaus ist die Nutzung von Daten und Analysen aus allen Kanälen von entscheidender Bedeutung, um ein tiefes Verständnis Ihrer Zielgruppe zu entwickeln und Ihre Strategien kontinuierlich zu optimieren. Durch die Analyse von Daten aus E-Mail-Kampagnen, Social Media-Interaktionen und SEM-Leistung können Sie wertvolle Einblicke gewinnen, die es Ihnen ermöglichen, Ihre Marketingaktivitäten noch präziser auf die Bedürfnisse und Vorlieben Ihrer Zielgruppe abzustimmen.

Zusammenfassend ist die Integration von E-Mail-Marketing in eine umfassende Cross-Channel-Marketingstrategie ein Schlüsselfaktor für den Erfolg in der heutigen digitalen Landschaft. Durch die sorgfältige Abstimmung und Koordination Ihrer Marketingaktivitäten über verschiedene Kanäle hinweg können Sie die Effektivität Ihrer Bemühungen maximieren, eine stärkere Bindung zu Ihrer Zielgruppe aufbauen und letztlich Ihre Geschäftsziele effektiver erreichen.

6.6.2 Kundenreise:

Berücksichtigung der E-Mail-Kommunikation als Teil der gesamten Kundenreise (Customer Journey).

Die Einbettung von E-Mail-Kommunikation als integraler Bestandteil der gesamten Kundenreise, oder Customer Journey, ist eine wesentliche Strategie, um die Beziehung zu Ihren Kunden zu stärken und zu vertiefen. Die Kundenreise umfasst alle Berührungspunkte, die ein Kunde mit Ihrer Marke hat, von der ersten Wahrnehmung bis hin zur Entscheidung für einen Kauf und darüber hinaus. In diesem Kapitel beleuchten wir, wie E-Mail-Marketing effektiv in jeden Schritt der Kundenreise integriert werden kann, um ein kohärentes und ansprechendes Kundenerlebnis zu schaffen.

Zu Beginn der Kundenreise, in der Bewusstseinsphase, können E-Mails dazu beitragen, potenzielle Kunden auf Ihre Marke aufmerksam zu machen und Interesse zu wecken. Informative Inhalte, die Mehrwert bieten, wie eBooks, Webinare oder Blogbeiträge, können über E-Mails geteilt werden, um das Engagement zu fördern und die Marke als Autorität in ihrem Bereich zu positionieren.

Sobald das Interesse geweckt ist, spielen E-Mails in der Erwägungsphase eine zentrale Rolle, indem sie tiefergehende Informationen bereitstellen, die potenzielle Kunden bei ihrer Entscheidungsfindung unterstützen. Personalisierte E-Mails, die auf die spezifischen Bedürfnisse und Interessen der Empfänger zugeschnitten sind, können hier besonders wirkungsvoll sein. Beispielsweise können E-Mails mit Produktvergleichen, Kundenbewertungen oder Fallstudien gesendet werden, um die Vorteile Ihrer Produkte oder Dienstleistungen hervorzuheben.

In der Entscheidungsphase, wenn ein Kunde kurz vor dem Kauf steht, können gezielte E-Mail-Kampagnen den entscheidenden Anstoß geben. Angebote, Rabattcodes oder exklusive Vorteile, die speziell für den Empfänger personalisiert sind, können den Unterschied ausmachen und den Kunden dazu bewegen, den Kauf abzuschließen.

Nach dem Kauf ist die Kundenreise jedoch nicht beendet. E-Mail-Kommunikation ist entscheidend, um die Kundenbindung zu stärken und die

Grundlage für zukünftige Interaktionen zu legen. Dankeschön-E-Mails, Zufriedenheitsumfragen und regelmäßige Updates über neue Produkte, Angebote oder Events halten die Beziehung lebendig und fördern die Loyalität.

Schließlich kann E-Mail-Marketing in der Advocacy-Phase dazu beitragen, aus zufriedenen Kunden Markenbotschafter zu machen. Indem Sie Kunden auffordern, ihre positiven Erfahrungen zu teilen, sei es durch Referenzen, Bewertungen oder das Teilen von Inhalten auf Social Media, können Sie die Reichweite Ihrer Marke erweitern und neues Interesse wecken.

Die Berücksichtigung der E-Mail-Kommunikation als Teil der gesamten Kundenreise erfordert eine sorgfältige Planung und Segmentierung, um sicherzustellen, dass die richtigen Nachrichten zum richtigen Zeitpunkt gesendet werden. Durch die Nutzung von Daten und Analysen können Sie ein tiefes Verständnis für die Bedürfnisse und das Verhalten Ihrer Kunden entwickeln und Ihre E-Mail-Strategie kontinuierlich anpassen, um ein nahtloses und ansprechendes Erlebnis über alle Phasen der Kundenreise hinweg zu bieten.

Zusammenfassend ist die Integration von E-Mail-Marketing in die Customer Journey ein kraftvolles Instrument, um die Beziehung zu Ihren Kunden zu stärken und zu pflegen. Indem Sie relevante und personalisierte Inhalte liefern, die die Kunden durch ihre gesamte Reise begleiten, können Sie nicht nur die Kundenzufriedenheit und -bindung erhöhen, sondern auch die langfristige Loyalität und den Wert für Ihre Marke steigern.

6.6.3 Automatisierung:

Einsatz von Marketing-Automatisierungstools zur
Effizienzsteigerung und Personalisierung.

Die Automatisierung im E-Mail-Marketing revolutioniert die Art und Weise, wie Unternehmen mit ihren Kunden kommunizieren, indem sie Effizienz und Personalisierung auf ein neues Niveau hebt. Durch den Einsatz von Marketing-Automatisierungstools können repetitive Aufgaben minimiert, personalisierte Kundeninteraktionen skaliert und die Relevanz der Kommunikation maximiert werden. In diesem Kapitel beleuchten wir, wie die Automatisierung genutzt werden kann, um Ihre E-Mail-Marketingstrategie zu optimieren und die Beziehung zu Ihren Kunden zu vertiefen.

Marketing-Automatisierungstools ermöglichen es, komplexe Kampagnen zu erstellen, die auf dem Verhalten und den Präferenzen der Nutzer basieren. Beispielsweise können automatische E-Mail-Sequenzen für neue Abonnenten eingerichtet werden, die eine Willkommensnachricht, eine Einführung in Ihre Marke und personalisierte Produktvorschläge enthalten. Diese Art von Automatisierung sorgt für einen konsistenten und zeitnahen Erstkontakt mit neuen Leads, ohne dass manuelle Eingriffe erforderlich sind.

Darüber hinaus ermöglicht die Automatisierung die Implementierung von Trigger-basierten E-Mails, die in Echtzeit auf bestimmte Aktionen der Nutzer reagieren. Beispiele hierfür sind E-Mails zur Warenkorbabbruch-Erinnerung, Geburtstagsgrüße mit Rabattangeboten oder Follow-up-Nachrichten nach einem Kauf. Diese hochgradig personalisierten Interaktionen erhöhen nicht nur die Relevanz und das Engagement, sondern können auch direkt zur Umsatzsteigerung beitragen.

Die Personalisierung geht mit der Automatisierung Hand in Hand. Moderne Marketing-Automatisierungstools nutzen fortschrittliche Segmentierung und Datenanalyse, um maßgeschneiderte Inhalte zu liefern, die auf den individuellen Interessen und dem Verhalten jedes Empfängers basieren. Anstatt generische Nachrichten an Ihre gesamte Liste zu senden, können Sie gezielte Botschaften erstellen, die für verschiedene Segmente Ihrer Zielgruppe relevant sind. Dies führt zu einer erhöhten Zufriedenheit und Bindung der Kunden, da sie sich verstanden und wertgeschätzt fühlen.

Ein weiterer Vorteil der Automatisierung ist die Fähigkeit, kontinuierliches Testing und Optimierung zu integrieren. Automatisierungstools bieten oft eingebaute A/B-Testing-Funktionen und detaillierte Berichterstattung, die es Marketern ermöglichen, verschiedene Aspekte ihrer Kampagnen zu testen und basierend auf realen Daten zu optimieren. Dieser iterative Prozess trägt dazu bei, die Effektivität Ihrer E-Mail-Strategie kontinuierlich zu verbessern und die besten Ergebnisse zu erzielen.

Schließlich steigert die Automatisierung die Effizienz, indem sie Zeit und Ressourcen spart, die sonst für manuelle Aufgaben aufgewendet werden müssten. Dies ermöglicht Ihrem Marketingteam, sich auf strategischere und kreativere Aufgaben zu konzentrieren, während die Automatisierungstools die Ausführung und das Management der Kampagnen übernehmen.

Zusammenfassend lässt sich sagen, dass die Automatisierung im E-Mail-Marketing eine kraftvolle Strategie ist, um die Kommunikation mit Ihren Kunden zu personalisieren, die Relevanz Ihrer Nachrichten zu maximieren und gleichzeitig die Effizienz zu steigern. Durch den Einsatz von Marketing-Automatisierungstools können Sie nicht nur eine tiefere und bedeutungsvollere Beziehung zu Ihren Kunden aufbauen, sondern auch messbare Ergebnisse in Form von höherem Engagement und gesteigerten Konversionen erzielen.

Marketing-Automatisierungstools

Es gibt eine Vielzahl von Marketing-Automatisierungstools auf dem Markt, jedes mit seinen eigenen Stärken, Schwächen und Preisstrukturen. Zu den bemerkenswerten Tools gehören ActiveCampaign, GetResponse, Omnisend, Quentn, KlickTipp, Sendinblue, Moosend, HubSpot und Mailchimp. Diese Tools decken ein breites Spektrum von Marketingautomatisierungsbedürfnissen ab, von E-Mail-Kampagnen und CRM-Integrationen bis hin zu spezialisierter E-Commerce-Automatisierung und Tag-basiertem Marketing.

ActiveCampaign ist bekannt für seine umfassenden CRM- und E-Mail-Marketingfunktionen, die besonders für Nutzer geeignet sind, die eine enge Verzahnung zwischen ihrer Kommunikation und Kundenverwaltung wünschen.

GetResponse bietet neben seiner Marketingautomatisierungsfunktion auch Möglichkeiten zur Erstellung von Landing Pages und zur Durchführung von Webinaren. Es ist bekannt für seine benutzerfreundliche Drag-and-Drop-Oberfläche und vielfältige Automatisierungsoptionen, die es kleinen bis mittelständischen Unternehmen ermöglichen, detaillierte Kundenprofile zu erstellen und ihre Kommunikation zielgerichteter zu gestalten.

Omnisend hebt sich besonders im E-Commerce-Bereich hervor, mit starken Funktionen zur Automatisierung von Marketingkampagnen basierend auf dem Verhalten und den Aktivitäten der Nutzer auf Ihrer Website.

HubSpot bietet eine umfassende All-in-One-Marketing-Suite, die es Unternehmen ermöglicht, ihre Marketingkampagnen über verschiedene Kanäle zu koordinieren und zu analysieren, von der Website bis zu sozialen Netzwerken und E-Mail-Marketing.

Mailchimp zeichnet sich durch seine Einfachheit und die Möglichkeit aus, kostenlos zu starten, was es zu einer ausgezeichneten Option für Startups und kleine Unternehmen macht. Es bietet jedoch auch erweiterte Funktionen für wachsende Unternehmen.

Die Wahl des richtigen Tools hängt von mehreren Faktoren ab, darunter die spezifischen Bedürfnisse Ihres Unternehmens, die Größe Ihres Marketings und Vertriebsteams, die Komplexität Ihrer Kundenreise und Ihr Budget. Es ist wichtig, jedes Tool hinsichtlich seiner Integrationsfähigkeiten, Benutzerfreundlichkeit, angebotenen Funktionen und natürlich der Kosten zu bewerten. Die meisten dieser Anbieter bieten kostenlose Testversionen oder Demos an, die es Ihnen ermöglichen, die Plattform zu erkunden, bevor Sie eine langfristige Verpflichtung eingehen.

7. ONLINE-WERBUNG

7.1 Einführung in Online-Werbung

7.1.1 Grundlagen der Online-Werbung:

Verständnis der Rolle und Bedeutung für IT-Unternehmen.

In der digitalen Ära hat Online-Werbung eine zentrale Rolle in der Marketingstrategie von IT-Unternehmen eingenommen. Diese Form der Werbung umfasst das Schalten von Anzeigen im Internet, wodurch Unternehmen ihre Zielgruppen direkt über verschiedene digitale Plattformen und Kanäle erreichen können. Die Bedeutung der Online-Werbung für IT-Unternehmen kann nicht hoch genug eingeschätzt werden, da sie es ermöglicht, präzise und in Echtzeit mit potenziellen Kunden zu kommunizieren, Markenbewusstsein zu schaffen und letztendlich den Umsatz zu steigern.

Der Kern der Online-Werbung liegt in ihrer Fähigkeit, hochgradig zielgerichtete Kampagnen zu erstellen, die auf spezifische demografische Merkmale, Interessen und Verhaltensweisen ausgerichtet sind. Im Gegensatz zu traditionellen Werbemedien, wie Zeitungen oder Fernsehen, ermöglicht Online-Werbung IT-Unternehmen, ihre Werbebotschaften an genau definierte Zielgruppen zu richten. Dies führt zu einer effizienteren Nutzung des Werbebudgets und erhöht die Chance auf eine positive Reaktion der Zielgruppe.

Ein weiterer Vorteil der Online-Werbung ist die Fähigkeit zur Messung und Analyse der Kampagnenergebnisse in Echtzeit. IT-Unternehmen können genau nachvollziehen, wie viele Personen eine Anzeige gesehen haben, wie viele darauf geklickt haben und wie viele letztendlich eine gewünschte Aktion (z.B. einen Kauf) durchgeführt haben. Diese Daten sind entscheidend für die Optimierung laufender und zukünftiger Werbekampagnen, um die Effektivität und den ROI (Return on Investment) zu maximieren.

Darüber hinaus unterstützt Online-Werbung eine Vielzahl von Werbeformaten und -kanälen, darunter Suchmaschinenwerbung (SEA), Display-

Werbung, Social-Media-Werbung, E-Mail-Marketing und mehr. Diese Vielfalt ermöglicht es IT-Unternehmen, kreative und interaktive Werbebotschaften zu gestalten, die die Aufmerksamkeit der Zielgruppe auf sich ziehen und eine stärkere emotionale Bindung zur Marke fördern.

Die Herausforderungen der Online-Werbung liegen in der ständigen Evolution der digitalen Landschaft, einschließlich sich ändernder Algorithmen von Suchmaschinen und sozialen Medien, zunehmender Konkurrenz und der Notwendigkeit, die Datenschutzbestimmungen und -richtlinien zu beachten. IT-Unternehmen müssen daher agil bleiben, die Trends im digitalen Marketing kontinuierlich verfolgen und ihre Strategien entsprechend anpassen, um in einem wettbewerbsintensiven Umfeld erfolgreich zu sein.

Zusammenfassend lässt sich sagen, dass Online-Werbung für IT-Unternehmen von unschätzbarem Wert ist. Sie bietet nicht nur die Möglichkeit, gezielt und effizient mit potenziellen Kunden zu kommunizieren, sondern auch die Flexibilität, Werbekampagnen basierend auf detaillierten Leistungsdaten anzupassen und zu optimieren. In einer Welt, in der digitale Präsenz entscheidend für den Geschäftserfolg ist, bleibt Online-Werbung ein unverzichtbares Instrument im Marketingarsenal von IT-Unternehmen.

7.1.2 Werbeplattformen:

Überblick über verschiedene Plattformen (Google Ads, Facebook Ads, LinkedIn Ads etc.) und ihre Besonderheiten.

In der schillernden Welt des digitalen Marketings offenbart sich die Vielfalt der Werbeplattformen als eine Art moderne Alchemie, die es den Marketeers ermöglicht, Blei in Gold zu verwandeln. Die prominentesten Zauberkünstler in diesem Reich – Google Ads, Facebook Ads und LinkedIn Ads – bieten jeweils einzigartige Arenen, in denen Marken ihre Botschaften so präzise wie nie zuvor an ihre Zielgruppen herantragen können. Jede Plattform besitzt ihre eigene Magie, ihre speziellen Werkzeuge und Geheimnisse, die es zu meistern gilt, um den maximalen Erfolg heraufzubeschwören.

Google Ads, der Titan unter den Werbeplattformen, ist wie eine mächtige Zauberkugel, die die Gedanken der Nutzer liest, noch bevor diese selbst wissen, was sie suchen. Mit seinem weitreichenden Netzwerk, das von der einfachen Suchanfrage bis hin zu komplexen Display-Netzwerken reicht, bietet Google Ads Unternehmen die Möglichkeit, ihre Werbung genau in dem Moment zu präsentieren, in dem potenzielle Kunden nach ihren Produkten oder Dienstleistungen suchen. Die Kunst liegt hier in der Wahl der richtigen Keywords, die wie geheime Zutaten in einem Zaubertrank wirken und die Sichtbarkeit der Anzeige entscheidend beeinflussen.

Facebook Ads hingegen ist wie ein geselliger Marktplatz, auf dem Geschichten und Erlebnisse geteilt werden. Diese Plattform ermöglicht es Marken, durch visuell ansprechende Anzeigen, die in den Newsfeed der Nutzer eingebettet sind, eine tiefere emotionale Verbindung aufzubauen. Die Besonderheit von Facebook liegt in seiner unglaublichen Fähigkeit zur Zielgruppensegmentierung. Alter, Geschlecht, Interessen, Verhalten – es gibt kaum ein Merkmal, das nicht angepasst werden kann, um die Werbebotschaft genau jenen Augen zu präsentieren, für die sie bestimmt ist.

LinkedIn Ads, der Netzwerker unter den Werbeplattformen, bietet eine Bühne für die geschäftliche Elite. Hier treffen sich Fachleute, Branchenführer und Entscheidungsträger, um sich auszutauschen und zu vernetzen. LinkedIn Ads zeichnet sich durch seine berufsspezifischen Targeting-Optionen aus, die es Unternehmen ermöglichen, ihre Botschaften auf der Basis von beruflicher Position, Branchenzugehörigkeit oder Unternehmensgröße zu personalisieren. Es ist ein maßgeschneidertes Anzuggeschäft in der Welt der Werbung, wo jede Anzeige sorgfältig auf die Bedürfnisse und Interessen der professionellen Zielgruppe abgestimmt wird.

Diese Plattformen bieten nicht nur unterschiedliche Umgebungen und Zielgruppen, sondern auch jeweils eigene Herausforderungen und Chancen. Die Meisterschaft im digitalen Marketing besteht darin, die Besonderheiten jeder Plattform zu verstehen und sie geschickt zu nutzen, um eine Kampagne zu kreieren, die nicht nur gesehen und gehört wird, sondern auch resoniert und konvertiert. Es ist eine Reise durch ein Labyrinth von Möglichkeiten, bei der die richtige Kombination von Plattform, Botschaft und Zielgruppe den Unterschied zwischen Vergessenheit und Viralität ausmachen kann.

7.1.3 Werbeformate:

Unterschiedliche Formate (z.B. Display-Anzeigen, Suchanzeigen, Videoanzeigen) und ihre Anwendungsbereiche.

Im digitalen Zeitalter, wo das Rauschen der Informationen unaufhörlich ist, erweist sich die Kunst der Werbung als entscheidend für den Erfolg von IT-Unternehmen. Die Werbeformate haben sich weit über traditionelle Banner hinausentwickelt und bieten eine Vielfalt, die den Bedürfnissen moderner Unternehmen gerecht wird. Display-Anzeigen, Suchanzeigen und Videoanzeigen stehen im Zentrum dieser digitalen Renaissance und dienen als die drei Musketiere, die die Botschaft eines Unternehmens in die Welt tragen.

Display-Anzeigen sind die bunten Plakate des Internets, die auf Websites in Form von Bannern, Interstitials oder Sidebar-Anzeigen erscheinen. Sie sind visuell ansprechend und können effektiv genutzt werden, um Markenbewusstsein zu schaffen und die visuelle Identität eines Unternehmens zu stärken. Der Einsatz von Display-Anzeigen eignet sich hervorragend für Kampagnen, die auf breite Zielgruppen abzielen und deren Zweck es ist, die Sichtbarkeit zu erhöhen und potenzielle Kunden durch farbenfrohe und ansprechende Designs anzulocken.

Suchanzeigen hingegen sind die stillen Jäger im Ökosystem des digitalen Marketings. Sie erscheinen in den Suchmaschinenergebnissen, wenn Nutzer nach spezifischen Schlüsselwörtern suchen, die zu den Produkten oder Dienstleistungen eines Unternehmens passen. Diese Textanzeigen sind direkt und zielorientiert, ideal für Unternehmen, die in einem Moment der Bedürfnisse oder Wünsche präsent sein wollen. Suchanzeigen sind besonders effektiv für die Lead-Generierung und das Erreichen von Kunden mit einer hohen Kaufabsicht, da sie in dem Moment erscheinen, in dem ein potenzieller Kunde nach einer Lösung sucht.

Videoanzeigen sind die Geschichtenerzähler unter den Werbeformaten. Sie nutzen die Kraft des bewegten Bildes, um emotionale Verbindungen aufzubauen und komplexe Botschaften auf leicht verständliche Weise zu vermitteln. Von kurzen Clips, die vor einem YouTube-Video laufen, bis hin zu längeren Inhalten auf Social Media Plattformen, bieten Videoanzeigen eine dynamische Möglichkeit, Produkte zu demonstrieren, Marken zu humanisieren und tiefere Einblicke in die Werte und die Kultur eines Unternehmens zu geben. Sie sind besonders geeignet für Kampagnen, die auf Engagement und Markenbindung abzielen, und können aufgrund ihrer visuellen und emotionalen Anziehungskraft breite Zielgruppen erreichen.

Jedes dieser Formate hat seine Stärken und seine spezifischen Anwendungsbereiche, von der Steigerung der Markenbekanntheit über die Generierung von Leads bis hin zum Aufbau einer emotionalen Bindung. Die Auswahl des richtigen Werbeformats hängt von den Zielen der Kampagne, der Zielgruppe und der Art der Botschaft ab, die ein Unternehmen vermitteln möchte. In der Vielfalt dieser Formate liegt die Kunst, die richtige Balance zu finden und die digitale Landschaft zu nutzen, um die eigene Geschichte zu erzählen und die gewünschten Ergebnisse zu erzielen.

7.2 Planung und Strategie

7.2.1 Zielsetzung:

Festlegung von Zielen basierend auf dem Marketing-Funnel (Bewusstsein, Erwägung, Konversion).

In der Welt des digitalen Marketings gleicht die Reise eines potenziellen Kunden durch den Marketing-Funnel einer sorgfältig inszenierten Aufführung, in der jedes Akt den Grundstein für den nächsten legt. Die Festlegung von Zielen, die auf den verschiedenen Stufen des Funnels – Bewusstsein, Erwägung, Konversion – basieren, ist dabei der Dreh- und Angelpunkt, um das Drehbuch dieser Aufführung zu schreiben. Eine durchdachte Zielsetzung transformiert den Marketing-Funnel von einem theoretischen Modell in eine praxisorientierte Strategie, die IT-Unternehmen dabei unterstützt, ihre Botschaften zielgerichtet zu platzieren und ihre Marketingziele zu erreichen.

In der Phase des Bewusstseins geht es darum, die Aufmerksamkeit der Zielgruppe zu wecken und das Markenbewusstsein zu steigern. Die Ziele in dieser frühen Stufe fokussieren sich auf Reichweite und Sichtbarkeit. Es gilt, die Marke in den Köpfen der Konsumenten zu verankern und ein Verständnis für das Angebot zu schaffen. Digitale Kampagnen, die auf diese

Phase abzielen, nutzen oft Display- und Videoanzeigen, um emotionale Verbindungen aufzubauen und die Neugierde der Zielgruppe zu wecken.

Sobald das Interesse geweckt ist, tritt der potenzielle Kunde in die Phase der Erwägung ein. In diesem Abschnitt des Funnels beginnen die Ziele, sich zu verfeinern. Jetzt geht es darum, das Interesse in echtes Engagement umzuwandeln und die Zielgruppe dazu zu bewegen, mehr über das Produkt oder die Dienstleistung zu erfahren. Die Kommunikation in dieser Phase ist darauf ausgerichtet, detaillierte Informationen zu liefern, die die USPs (Unique Selling Propositions) hervorheben und den Wert des Angebots verdeutlichen. Content-Marketing, Suchmaschinenoptimierung und zielgerichtete Social-Media-Kampagnen spielen eine entscheidende Rolle, um die Zielgruppe in dieser Überlegungsphase zu erreichen und zu überzeugen.

Die letzte Phase, die Konversion, ist der Höhepunkt des Funnels, wo Interesse in Handlung umgesetzt wird. Die Zielsetzung konzentriert sich nun auf die Steigerung der Konversionsrate, sei es durch den Kauf eines Produktes, die Anmeldung für eine Dienstleistung oder eine andere gewünschte Aktion. In diesem Stadium ist die Ansprache hochgradig personalisiert und zielt darauf ab, die letzten Zweifel auszuräumen und den potenziellen Kunden zur Konversion zu führen. E-Mail-Marketing, Retargeting-Kampagnen und gezielte Angebote sind effektive Werkzeuge, um die Nutzer in dieser entscheidenden Phase zu unterstützen und zu ermutigen, den letzten Schritt zu gehen.

Die sorgfältige Planung und Strategieentwicklung, die mit einer klaren Zielsetzung auf jeder Stufe des Marketing-Funnels beginnt, ist fundamental für den Erfolg digitaler Marketingkampagnen. Indem IT-Unternehmen ihre Ziele basierend auf den spezifischen Bedürfnissen und Verhaltensweisen ihrer Zielgruppe in den verschiedenen Phasen des Funnels festlegen, können sie ihre Ressourcen effizient einsetzen und maximale Wirkung erzielen. Diese strategische Herangehensweise ermöglicht es, jede Phase des Kundenweges zu optimieren und die Wahrscheinlichkeit einer erfolgreichen Konversion zu erhöhen.

7.2.2 Zielgruppenauswahl:

Bestimmung und Segmentierung der Zielgruppen für gezielte Werbemaßnahmen.

In der hochdynamischen Arena des digitalen Marketings ist die zielgenaue Ansprache des Publikums vergleichbar mit dem Navigieren eines Schiffes durch stürmische See. Die Bestimmung und Segmentierung der Zielgruppen für gezielte Werbemaßnahmen ist der Kompass, der Marketern hilft, den richtigen Kurs zu setzen und ihre Botschaften sicher in den Hafen der Aufmerksamkeit ihrer gewünschten Empfänger zu steuern. Dieser Prozess ist von entscheidender Bedeutung, da er es IT-Unternehmen ermöglicht, ihre Ressourcen effizient einzusetzen und mit ihren Kampagnen die höchstmögliche Relevanz und Resonanz zu erzielen.

Zielgruppenauswahl beginnt mit dem Verständnis, dass nicht alle Konsumenten gleich sind. Verschiedene Nutzer haben unterschiedliche Bedürfnisse, Interessen und Verhaltensweisen. Durch die Segmentierung wird diese heterogene Masse in handhabbare und homogene Gruppen unterteilt, die basierend auf gemeinsamen Merkmalen wie demografischen Daten, Verhaltensmustern, Interessen oder auch Kaufhistorie definiert werden. Diese präzise Unterteilung ermöglicht es Marketern, maßgeschneiderte Kampagnen zu entwickeln, die auf die spezifischen Bedürfnisse und Wünsche jeder Gruppe abgestimmt sind.

Die Kunst der Zielgruppenauswahl und -segmentierung liegt in der sorgfältigen Analyse und Interpretation von Daten. Moderne Marketing-Tools und Technologien bieten umfangreiche Möglichkeiten, Daten zu sammeln und zu analysieren, um tiefe Einblicke in die Präferenzen und Verhaltensweisen der Zielgruppe zu gewinnen. Dies kann von der Auswertung des Nutzerverhaltens auf der eigenen Website über soziale Medien bis hin zu fortgeschrittenen Marktforschungsmethoden reichen. Die so gewonnenen Erkenntnisse bilden die Grundlage für die Entwicklung von Personas, die wiederum die Basis für die gezielte Ansprache und Inhaltserstellung bilden.

Ein weiterer kritischer Aspekt der Zielgruppenauswahl ist die kontinuierliche Überprüfung und Anpassung der Segmentierung. In einer sich schnell verändernden digitalen Landschaft können sich die Interessen und Verhaltensweisen der Zielgruppe ebenso schnell wandeln. Eine regelmäßige Überprüfung der Segmentierungsstrategie und Anpassung an neue Trends und Daten ist daher unerlässlich, um die Relevanz und Effektivität der Marketingbemühungen sicherzustellen.

Durch die gezielte Auswahl und Segmentierung der Zielgruppen können IT-Unternehmen ihre Botschaften mit chirurgischer Präzision platzieren, die Engagement-Raten erhöhen und letztlich eine stärkere Bindung zu ihrer Zielgruppe aufbauen. Dieser strategische Ansatz ermöglicht es nicht nur, die Effizienz von Werbekampagnen zu steigern, sondern auch eine tiefere Verbindung mit dem Publikum zu etablieren, indem man ihnen relevante und wertvolle Inhalte bietet, die ihre spezifischen Bedürfnisse und Interessen ansprechen.

7.2.3 Budgetierung:

Strategien zur Budgetverteilung und Kostenkontrolle.

In der Welt des digitalen Marketings ist das Budget ein mächtiges Werkzeug, das über den Erfolg oder Misserfolg einer Kampagne entscheiden kann. Die Budgetierung ist nicht nur eine Zahl, sondern vielmehr eine strategische Entscheidung darüber, wie Ressourcen am effektivsten eingesetzt werden können, um die gewünschten Ergebnisse zu erzielen. Strategien zur Budgetverteilung und Kostenkontrolle sind daher von entscheidender Bedeutung, um sicherzustellen, dass jede Investition einen maximalen Return on Investment (ROI) erzielt und die Marketingziele erreicht werden.

Eine der grundlegenden Strategien zur Budgetverteilung besteht darin, die Budgets auf verschiedene Marketingkanäle und -taktiken zu verteilen, basierend auf ihrer Effektivität und ihrer Rolle im Marketingmix. Dies erfordert eine gründliche Analyse der bisherigen Leistungen sowie eine Prognose zukünftiger Ergebnisse. Kanäle und Taktiken, die eine hohe Konversionsrate oder einen hohen ROI aufweisen, sollten mehr Budget erhalten, während weniger erfolgreiche Bereiche entsprechend weniger Ressourcen zugewiesen bekommen. Dieser Ansatz ermöglicht es, das Budget optimal zu nutzen und sicherzustellen, dass jede Investition einen messbaren Beitrag zum Gesamterfolg leistet.

Eine weitere wichtige Strategie ist die kontinuierliche Überwachung und Kontrolle der Ausgaben, um sicherzustellen, dass das Budget im Rahmen bleibt und nicht überschritten wird. Dies erfordert eine detaillierte Aufschlüsselung der Kosten und eine regelmäßige Überprüfung der Ausgaben im Vergleich zu den geplanten Budgets. Durch die Verwendung von Analysetools und -systemen können Marketer in Echtzeit Einblicke in die Performance ihrer Kampagnen erhalten und bei Bedarf Anpassungen vornehmen, um die Kosten im Griff zu behalten.

Darüber hinaus ist es wichtig, ein gewisses Maß an Flexibilität in der Budgetierung zu wahren, um auf unvorhergesehene Ereignisse oder Veränderungen im Marktumfeld reagieren zu können. Dies kann bedeuten, dass bestimmte Budgets umgeschichtet oder neu allokiert werden müssen, um auf veränderte Bedingungen zu reagieren oder neue Chancen zu nutzen. Eine agile Herangehensweise an die Budgetierung ermöglicht es Unternehmen, sich schnell an veränderte Rahmenbedingungen anzupassen und ihre Marketingstrategie kontinuierlich zu optimieren.

Insgesamt ist die Budgetierung ein entscheidender Schritt im Prozess des digitalen Marketings, der eine sorgfältige Planung, Analyse und Kontrolle erfordert. Durch eine strategische Verteilung der Ressourcen, eine kontinuierliche Überwachung der Ausgaben und die Flexibilität, auf Veränderungen zu reagieren, können Unternehmen sicherstellen, dass ihr Marketingbudget effektiv eingesetzt wird und maximale Ergebnisse erzielt werden.

7.3 Kampagnenerstellung und -umsetzung

7.3.1 Kreativprozess:

Entwicklung von ansprechenden und zielgerichteten Werbemitteln.

Im Bereich des digitalen Marketings ist die Budgetierung ein wichtiges Instrument, das über Erfolg oder Misserfolg einer Kampagne entscheiden kann. Sie geht über bloße Zahlen hinaus und verkörpert stattdessen eine strategische Entscheidung darüber, wie die Ressourcen am effektivsten eingesetzt werden können, um die gewünschten Ergebnisse zu erzielen. Strategien für die Budgetzuweisung und Kostenkontrolle sind daher von größter Bedeutung, um sicherzustellen, dass jede Investition eine maximale Kapitalrendite (ROI) erbringt und die Marketingziele erreicht werden.

Eine grundlegende Strategie für die Budgetzuweisung besteht darin, die Budgets auf verschiedene Marketingkanäle und -taktiken auf der Grundlage ihrer Wirksamkeit und Rolle im Marketing-Mix zu verteilen. Dies erfordert eine gründliche Analyse der bisherigen Leistungen und eine Prognose der künftigen Ergebnisse. Kanäle und Taktiken, die hohe Konversionsraten oder ROI aufweisen, sollten mehr Budget erhalten, während weniger erfolgreiche Bereiche entsprechend weniger Ressourcen erhalten sollten. Dieser Ansatz optimiert die Budgetnutzung und stellt sicher, dass jede Investition einen messbaren Beitrag zum Gesamterfolg leistet.

Eine weitere wichtige Strategie ist die laufende Überwachung und Kontrolle der Ausgaben, um sicherzustellen, dass das Budget im Rahmen bleibt und nicht überschritten wird. Dazu gehört eine detaillierte Aufschlüsselung der Kosten und eine regelmäßige Überprüfung der Ausgaben im Vergleich zu den geplanten Budgets. Durch den Einsatz von Analysetools und -systemen können Marketingexperten in Echtzeit Einblicke in die Leistung ihrer Kampagnen gewinnen und bei Bedarf Anpassungen vornehmen, um die Kosten unter Kontrolle zu halten.

Darüber hinaus ist ein gewisses Maß an Flexibilität bei der Budgetierung unerlässlich, um auf unvorhergesehene Ereignisse oder Veränderungen des Marktumfelds reagieren zu können. Dies kann bedeuten, dass bestimmte Budgets neu zugewiesen oder umgeschichtet werden müssen, um sich an veränderte Bedingungen anzupassen oder neue Chancen zu ergreifen. Ein flexibler Ansatz bei der Budgetierung ermöglicht es Unternehmen, sich schnell an veränderte Umstände anzupassen und ihre Marketingstrategie kontinuierlich zu optimieren.

Insgesamt ist die Budgetierung ein zentraler Schritt im digitalen Marketingprozess, der eine sorgfältige Planung, Analyse und Kontrolle erfordert. Durch strategische Ressourcenzuweisung, kontinuierliche Ausgabenüberwachung und die Flexibilität, auf Veränderungen zu reagieren, können Unternehmen sicherstellen, dass ihr Marketingbudget effektiv eingesetzt wird und maximale Ergebnisse erzielt.

7.3.2 Kampagneneinstellungen:

Auswahl von Keywords, Targeting-Optionen und Platzierungen.

Kampagneneinstellungen spielen eine entscheidende Rolle für den Erfolg digitaler Marketingbemühungen und bieten einen Fahrplan, um durch die Feinheiten der Online-Werbung zu navigieren. Das Herzstück dieser Einstellungen ist die Auswahl von Schlüsselwörtern, ähnlich wie die Wahl der richtigen Worte, um die Tore für das Engagement des Publikums zu öffnen. Schlüsselwörter fungieren als Leuchttürme, die Marken inmitten der riesigen digitalen Landschaft zu ihrem gewünschten Publikum führen. Durch sorgfältige Recherchen und strategische Analysen finden Vermarkter die Schlüsselwörter, die bei ihrer Zielgruppe Anklang finden, Verbindungen herstellen und Interesse wecken.

Aber es geht nicht nur um die Schlüsselwörter, sondern auch um die Finesse der Targeting-Optionen. Wie ein Bildhauer, der Marmor meißelt, modellieren Vermarkter ihre Kampagnen mit Präzision und nutzen Targeting-Optionen, um ihre Botschaft zur richtigen Zeit an die richtige Zielgruppe zu richten. Ob demografisches Targeting, geografisches Targeting oder verhaltensorientiertes Targeting - jede Facette verleiht der Kampagne Tiefe und Dimension und sorgt dafür, dass sie bei der Zielgruppe auf einer persönlichen Ebene ankommt.

Und dann ist da noch die Kunst der Platzierung - die strategische Positionierung von Anzeigen dort, wo sie die meiste Aufmerksamkeit erregen. Die Platzierung ist die Bühne, auf der sich die digitale Performance entfaltet, sei es ein Werbebanner auf einer beliebten Website, ein gesponserter Beitrag in einem Social-Media-Feed oder eine gezielte Suchanzeige, die in den Suchmaschinenergebnissen erscheint. Jede Platzierung ist ein strategischer Zug, ein kalkulierter Schritt zur Maximierung von Sichtbarkeit und Engagement.

Im Grunde genommen sind die Kampagneneinstellungen die Blaupause des Architekten, der Fahrplan zum digitalen Erfolg. Mit der richtigen Kombination aus Schlüsselwörtern, Targeting-Optionen und Platzierungen können Vermarkter Kampagnen erstellen, die das Publikum fesseln, Konversionen fördern und Marken in der digitalen Sphäre zu neuen Höhen verhelfen.

7.3.3 A/B-Testing:

Durchführung von A/B-Tests zur Optimierung der Kampagneneffektivität.

A/B-Testing ist eine entscheidende Methode, um die Effektivität von Marketingkampagnen zu optimieren. Dabei werden zwei Varianten einer Anzeige, Webseite oder E-Mail gegeneinander getestet, um herauszufinden, welche besser performt. Durchgeführt wird dies durch das gleichzeitige Präsentieren der Varianten an eine zufällig ausgewählte Nutzergruppe. Die Auswertung erfolgt anhand verschiedener Kennzahlen wie Conversions, Klickraten oder Verkäufen.

Ein prominentes Beispiel für A/B-Tests stammt von Wallmonkeys.com. Durch den simplen Austausch eines Elements auf ihrer Webseite, basierend auf Daten einer Heatmap, konnten sie eine bemerkenswerte Steigerung der Konversionsrate um 550 % erzielen. Ein weiteres bekanntes Beispiel stammt von Unbounce, einem Softwareunternehmen, das die Opt-ins auf Zielseiten steigern wollte. Sie verglichen die klassische Methode, Besucher um ihre E-Mail-Adresse zu bitten, mit einer Variante, bei der Besucher gebeten wurden, ein Produkt auf Twitter zu teilen. Die E-Mail-Version erwies sich mit einer um 24 % höheren Konversionsrate als effektiver.

Die Durchführung eines A/B-Tests erfordert Zeit und eine ausreichend große Testgruppe, um statistisch aussagekräftige Ergebnisse zu erzielen. Die Dauer des Tests hängt vom Trafficvolumen ab und kann einige Tage bis Wochen dauern. Es ist wichtig, den Test nicht vorzeitig abzubrechen, da dies zu verfälschten Ergebnissen führen kann. Gleichzeitig sollte der Test nicht zu lange dauern, um unvorhersehbare Einflüsse zu minimieren.

Die Analyse der Testdaten erfolgt in der Regel anhand von statistischen Signifikanzrechnern, die die Aussagekraft der Ergebnisse bewerten. Es ist entscheidend, nicht nur offensichtliche Kennzahlen zu betrachten, sondern auch andere relevante Metriken wie die durchschnittliche Bestellmenge zu berücksichtigen. Zudem gibt es verschiedene Tools, die die Durchführung von A/B-Tests erleichtern, darunter auch kostenfreie Programme wie der Signifikanzrechner von Neil Patel.

7.4 Messung und Analyse

7.4.1 Leistungskennzahlen (KPIs):

Definition und Überwachung von Schlüsselmetriken wie CTR (Click-Through-Rate), Conversion-Rate, CPA (Cost per Acquisition).

Leistungskennzahlen (KPIs) sind essenzielle Messgrößen im digitalen Marketing, die den Fortschritt und die Leistungsfähigkeit von Marketingaktivitäten quantifizieren. Insbesondere drei Schlüsselmetriken spielen dabei eine herausragende Rolle: Die Click-Through-Rate (CTR), die Conversion-Rate und die Cost per Acquisition (CPA).

Die Click-Through-Rate (CTR) gibt an, wie oft Nutzer auf eine Anzeige oder einen Link geklickt haben, im Verhältnis zur Anzahl der Impressionen. Eine hohe CTR zeigt an, dass die Anzeige die Aufmerksamkeit der Zielgruppe anspricht und zur Interaktion anregt.

Die Conversion-Rate misst den Prozentsatz der Nutzer, die nach dem Klick auf eine Anzeige oder einen Link eine gewünschte Aktion ausführen, wie beispielsweise einen Kauf tätigen oder sich für einen Newsletter anmelden. Eine hohe Conversion-Rate deutet darauf hin, dass die Zielgruppe erfolgreich von Interessenten zu Kunden konvertiert wird.

Die Cost per Acquisition (CPA) gibt an, wie viel es kostet, einen neuen Kunden zu gewinnen. Sie wird berechnet, indem die Gesamtkosten einer Marketingkampagne durch die Anzahl der erworbenen Kunden geteilt werden. Eine niedrige CPA ist erstrebenswert, da sie darauf hinweist, dass die Marketingausgaben effizient genutzt werden, um neue Kunden zu gewinnen.

Diese KPIs sind von entscheidender Bedeutung, um den Erfolg von Marketingaktivitäten zu messen und zu optimieren. Sie ermöglichen es Unternehmen, ihre Marketingstrategien kontinuierlich zu verbessern, indem sie Einblicke in die Effektivität ihrer Kampagnen liefern und die Rendite ihres Marketingbudgets maximieren. Daher ist es wichtig, diese Kennzahlen sorgfältig zu überwachen und bei Bedarf Anpassungen vorzunehmen.

7.4.2 Analyse-Tools:

Nutzung von Analyse-Tools zur Auswertung der Kampagnenleistung und zur Entscheidungsfindung.

Analyse-Tools sind unverzichtbare Instrumente zur Auswertung der Leistung von Marketingkampagnen und zur Unterstützung von Entscheidungsprozessen. Sie bieten detaillierte Einblicke in das Verhalten von Nutzern, die Interaktion mit Anzeigen und die Performance von Inhalten.

Google Analytics ist eines der bekanntesten Analyse-Tools und ermöglicht die Verfolgung von Website-Traffic, Conversions und demografischen Daten der Nutzer. Durch die Integration von Zielvorhaben und Ereignisverfolgung können Unternehmen den Erfolg ihrer Marketinginitiativen genau messen und Optimierungsmöglichkeiten identifizieren.

Ein weiteres leistungsfähiges Analyse-Tool ist Adobe Analytics, das umfangreiche Funktionen zur Datenanalyse und Berichterstellung bietet. Es ermöglicht die Segmentierung von Nutzergruppen, die Analyse des Kundenverhaltens über verschiedene Kanäle hinweg und die Erstellung maßgeschneiderter Dashboards zur Überwachung wichtiger Leistungskennzahlen.

Social-Media-Analyse-Tools wie Hootsuite und Sprout Social sind spezialisierte Plattformen zur Auswertung der Leistung von Social-Media-Kampagnen. Sie bieten Funktionen zur Überwachung von Engagement, Reichweite und Interaktionen auf verschiedenen Social-Media-Plattformen und ermöglichen es Unternehmen, ihre Social-Media-Strategien gezielt zu optimieren.

Darüber hinaus gibt es eine Vielzahl von Tools zur Keyword-Analyse, Wettbewerbsanalyse und Content-Performance-Messung, die Unternehmen dabei unterstützen, ihre digitale Präsenz zu verbessern und fundierte Marketingentscheidungen zu treffen.

Die Nutzung von Analyse-Tools ist entscheidend für den Erfolg im digitalen Marketing, da sie Unternehmen dabei helfen, ihre Marketingstrategien kontinuierlich zu verbessern, Budgets effizient zu verwalten und fundierte Entscheidungen zu treffen, um ihre Geschäftsziele zu erreichen.

7.4.3 ROI-Berechnung:

Methoden zur Berechnung des Return on Investment und zur Bewertung des Kampagnenerfolgs.

Die Berechnung des Return on Investment (ROI) ist eine wichtige Methode zur Bewertung des Erfolgs von Marketingkampagnen und anderen Unternehmensinitiativen. Der ROI gibt an, wie viel Gewinn im Verhältnis zu den

Kosten einer Investition erzielt wurde und wird oft als Prozentsatz ausgedrückt.

Es gibt verschiedene Methoden zur Berechnung des ROI, abhängig von den spezifischen Zielen und der Art der Investition. Eine grundlegende Formel zur Berechnung des ROI lautet:

$$ROI=(Einnahmen-Kosten)/Kosten\times100\%$$

Dabei stehen die Einnahmen für den erzielten Gewinn aus der Investition und die Kosten für die Gesamtkosten der Investition. Durch Multiplikation des Ergebnisses mit 100 wird der ROI in Prozent ausgedrückt.

Um den ROI einer Marketingkampagne zu berechnen, müssen zunächst die direkten und indirekten Kosten der Kampagne ermittelt werden. Dazu gehören Ausgaben für Werbung, Personal, Materialien und andere Ressourcen, die für die Durchführung der Kampagne erforderlich sind. Anschließend werden die erzielten Einnahmen aus der Kampagne erfasst, einschließlich Umsatz aus Verkäufen, Kundenakquisition und anderen messbaren Ergebnissen.

Die Bewertung des Kampagnenerfolgs anhand des ROI ermöglicht es Unternehmen, die Effektivität ihrer Marketinginvestitionen zu beurteilen und fundierte Entscheidungen für zukünftige Kampagnen zu treffen. Ein positiver ROI zeigt an, dass die Investition rentabel war und Gewinn erzielt wurde, während ein negativer ROI darauf hinweist, dass die Kosten die Einnahmen überwiegen und die Investition nicht rentabel war.

Es ist wichtig zu beachten, dass der ROI nur ein Aspekt der Gesamtbewertung des Erfolgs einer Marketingkampagne ist und nicht alle relevanten Faktoren berücksichtigt. Unternehmen sollten daher auch andere Leistungskennzahlen wie die Conversion-Rate, den Customer Lifetime Value und die Markenbekanntheit in ihre Bewertung einbeziehen, um ein umfassendes Bild des Kampagnenerfolgs zu erhalten.

7.5 Optimierung und Skalierung

7.5.1 Optimierungsstrategien:

Anpassungen zur Steigerung der Kampagneneffizienz (z.B. Bid-Management, Targeting-Verfeinerung).

Optimierungsstrategien sind entscheidend, um die Effizienz von Marketingkampagnen zu steigern und den Erfolg zu maximieren. Dazu gehören Anpassungen wie Bid-Management und Targeting-Verfeinerung, die darauf abzielen, die Leistung und Relevanz von Anzeigen zu verbessern.

Bid-Management bezieht sich auf die strategische Steuerung von Geboten in Online-Werbeplattformen wie Google Ads. Durch die Optimierung von Geboten für bestimmte Keywords oder Zielgruppen können Unternehmen ihre Anzeigenplatzierung verbessern und die Kosten pro Klick optimieren. Dies ermöglicht es, das Budget effizienter einzusetzen und eine höhere Rendite aus den Werbeausgaben zu erzielen.

Targeting-Verfeinerung bezieht sich auf die gezielte Ansprache relevanter Zielgruppen durch präzise Einstellungen und Filterungsmethoden. Dies kann durch die Nutzung von demografischen Merkmalen, Verhaltensdaten oder Interessen erfolgen, um sicherzustellen, dass Anzeigen nur an Personen ausgespielt werden, die ein hohes Interesse an den beworbenen Produkten oder Dienstleistungen haben. Durch eine verbesserte Zielgruppenansprache können Unternehmen ihre Konversionsraten steigern und die Effizienz ihrer Marketingkampagnen erhöhen.

Weitere Optimierungsstrategien umfassen die kontinuierliche Überwachung und Analyse der Kampagnenleistung, um Schwachstellen zu identifizieren und Verbesserungspotenziale aufzudecken. Dies kann die Anpassung von Anzeigentexten, die Optimierung von Landingpages oder die Testung verschiedener Werbeformate umfassen. Durch einen iterativen Optimierungsprozess können Unternehmen die Effektivität ihrer Marketingaktivitäten kontinuierlich verbessern und ihre Geschäftsziele effizienter erreichen.

Die Implementierung von Optimierungsstrategien erfordert ein gründliches Verständnis der Zielgruppe, der Marktbedingungen und der Leistungskennzahlen. Unternehmen sollten Daten und Analysen nutzen, um fundierte Entscheidungen zu treffen und ihre Marketingstrategien kontinuierlich zu optimieren, um Wettbewerbsvorteile zu erlangen und langfristigen Erfolg zu sichern.

7.5.2 Skalierung erfolgreicher Kampagnen:

Methoden zur Identifikation und Ausweitung erfolgreicher Kampagnenansätze.

In der Welt des digitalen Marketings ist die Skalierung erfolgreicher Kampagnen ein entscheidender Schritt, um das volle Potenzial einer Strategie auszuschöpfen. Doch wie identifiziert man diese erfolgreichen Ansätze und wie kann man sie ausweiten, um einen noch größeren Erfolg zu erzielen?

Eine bewährte Methode zur Identifikation erfolgreicher Kampagnenansätze ist die umfassende Analyse von Daten. Durch die Auswertung von Kennzahlen wie Klickrate, Konversionsrate und Return on Investment (ROI) können Marketingexperten genau bestimmen, welche Kampagnen besonders effektiv sind. Darüber hinaus kann die Analyse von Nutzerverhalten und -interaktionen wichtige Einblicke liefern, um erfolgreiche Muster zu erkennen.

Sobald erfolgreiche Kampagnen identifiziert wurden, ist es wichtig, sie systematisch auszuweiten. Eine Möglichkeit besteht darin, ähnliche Kampagnen auf neue Zielgruppen oder Märkte auszurichten. Dabei sollte jedoch darauf geachtet werden, dass die Botschaft und der Ansatz an die spezifischen Bedürfnisse und Vorlieben der neuen Zielgruppe angepasst werden.

Eine weitere Methode zur Skalierung erfolgreicher Kampagnen besteht darin, das Budget schrittweise zu erhöhen und die Kampagnen auf größeren Plattformen oder mit einer breiteren Reichweite zu platzieren. Dabei ist es wichtig, den ROI kontinuierlich zu überwachen und sicherzustellen, dass die zusätzlichen Investitionen einen positiven Effekt auf die Kampagnenperformance haben.

Zusätzlich können automatisierte Marketingtools und Technologien eingesetzt werden, um den Prozess der Kampagnenskalierung zu erleichtern.

Durch die Automatisierung von Aufgaben wie Zielgruppenauswahl, Anzeigenschaltung und Performance-Analyse können Marketingexperten effizienter arbeiten und gleichzeitig die Wirksamkeit ihrer Kampagnen maximieren.

Insgesamt ist die Skalierung erfolgreicher Kampagnen ein komplexer Prozess, der eine sorgfältige Planung, Analyse und Umsetzung erfordert. Doch mit den richtigen Methoden und Strategien können Unternehmen ihr Marketingpotenzial voll ausschöpfen und nachhaltigen Erfolg auf dem digitalen Markt erzielen.

7.5.3 Langfristige Planung:

Entwicklung einer nachhaltigen Online-Werbestrategie unter Berücksichtigung von Trends und Marktentwicklungen.

Eine langfristige Planung für eine nachhaltige Online-Werbestrategie ist entscheidend für den langfristigen Erfolg eines Unternehmens im digitalen Umfeld. Dabei ist es wichtig, Trends und Marktentwicklungen zu berücksichtigen, um flexibel auf Veränderungen reagieren zu können und gleichzeitig eine kontinuierliche Entwicklung zu gewährleisten.

Zunächst gilt es, eine gründliche Analyse der aktuellen Marktsituation und der relevanten Trends durchzuführen. Dies umfasst die Untersuchung von Veränderungen im Nutzerverhalten, technologische Entwicklungen und die Aktivitäten der Wettbewerber. Auf dieser Grundlage können Chancen und Risiken identifiziert werden, die bei der Entwicklung einer langfristigen Werbestrategie berücksichtigt werden sollten.

Ein weiterer wichtiger Aspekt ist die Definition klarer Ziele und KPIs (Key Performance Indicators), die es ermöglichen, den Erfolg der Werbestrategie zu messen und zu überwachen. Diese Ziele sollten SMART (spezifisch, messbar, erreichbar, relevant, zeitgebunden) formuliert sein und sowohl kurz- als auch langfristige Aspekte berücksichtigen.

Bei der Entwicklung einer langfristigen Werbestrategie ist es auch wichtig, die verschiedenen Kanäle und Plattformen zu berücksichtigen, über die die Zielgruppe erreicht werden kann. Dies umfasst sowohl klassische Online-Werbekanäle wie Suchmaschinenmarketing und Social Media als auch neue und aufstrebende Plattformen und Technologien.

Ein entscheidender Faktor für eine nachhaltige Werbestrategie ist die kontinuierliche Anpassung und Optimierung basierend auf den gesammelten Daten und Erkenntnissen. Durch regelmäßige Analyse und das Testen neuer Ansätze können Schwachstellen identifiziert und Verbesserungspotenziale aufgedeckt werden, um die Effektivität der Strategie kontinuierlich zu steigern.

Schließlich sollte eine langfristige Werbestrategie auch die Integration von Nachhaltigkeitsaspekten berücksichtigen, sowohl im Hinblick auf ökologische als auch soziale Verantwortung. Dies kann die Auswahl umweltfreundlicher Werbemittel, die Förderung sozialer Projekte oder die Schaffung von transparenten und ethischen Markenkommunikation umfassen.

Insgesamt ist eine langfristige Planung für eine nachhaltige Online-Werbestrategie ein komplexer Prozess, der eine sorgfältige Analyse, strategische Planung und kontinuierliche Anpassung erfordert. Doch mit der richtigen Herangehensweise können Unternehmen langfristige Wettbewerbsvorteile sichern und ihr Marktpotenzial voll ausschöpfen.

8. WEBANALYSE UND CONVERSION-OPTIMIE-RUNG

8.1 Einführung in die Webanalyse

In der unermesslichen Weite des digitalen Ozeans, wo jede Webseite, jeder Klick und jede Interaktion wie eine Welle im unendlichen Meer der Daten aufgeht, steht ein Leuchtturm fest auf dem Grund der Erkenntnis. Dieser Leuchtturm, die Webanalyse, ist das Licht, das Unternehmen durch den dichten Nebel der Informationen führt, um sicher den Hafen des Erfolgs zu erreichen.

Stellen wir uns eine Welt vor, in der jedes Online-Unternehmen ein Schiff auf diesem Ozean ist. Die Kapitäne dieser Schiffe, gleichzusetzen mit den Marketing- und Webanalyse-Experten, stehen am Steuer und blicken in die Ferne, doch ohne den Leuchtturm der Webanalyse wäre ihre Sicht trüb. Sie könnten nur erahnen, welche Strömungen Kunden zu ihnen führen, welche Klippen der Fehlinvestitionen umschifft werden sollten und auf welchen Wellen des Trends sie reiten müssen, um voranzukommen.

Doch mit der Einführung in die Webanalyse beginnt eine neue Ära der Navigation im digitalen Marketing. Wie ein Leuchtturm, der seine Strahlen durch die Dunkelheit sendet, bieten Tools und Techniken der Webanalyse detaillierte Einblicke und klare Orientierung. Sie zeigen nicht nur, wo das Wasser ruhig ist und der Traffic fließt, sondern auch, wo die Untiefen der Nutzerabwanderung lauern. Durch die Analyse von Besucherdaten, Verweildauer, Klickpfaden und Konversionsraten wird der Nebel gelichtet, und es eröffnet sich ein klarer Blick auf das, was die Nutzer wirklich wollen.

Die Einführung in die Webanalyse ist daher mehr als nur ein Kapitel im Buch des digitalen Marketings. Es ist eine Zeremonie, bei der die alten Seekarten des Bauchgefühls und der Spekulation durch präzise, datengestützte Instrumente ersetzt werden. So ausgerüstet, können Unternehmen nicht nur ihren Kurs korrigieren und optimieren, sondern auch neue, unerforschte Märkte entdecken. Der Leuchtturm im Datennebel steht somit nicht nur für die Orientierung, die er bietet, sondern auch für die Hoffnung und die unendlichen Möglichkeiten, die sich auftun, wenn man lernt, die Daten richtig zu lesen und zu interpretieren.

Die Webanalyse bildet das Rückgrat jeder erfolgreichen Online-Strategie. Sie ist das Auge, das in den unendlichen Weiten des Internets nicht nur sieht, sondern versteht. Beginnen wir unsere Reise mit dem grundlegenden Verständnis, dass jede digitale Interaktion eine Spur hinterlässt – eine Datenspur, die, wenn sie richtig analysiert wird, tiefgreifende Einblicke in das Verhalten und die Vorlieben der Nutzer offenbart. Diese Einblicke sind Gold wert, denn sie ermöglichen es Unternehmen, ihre Websites, Kampagnen und Inhalte präzise auf die Bedürfnisse ihrer Zielgruppe auszurichten.

Der erste Schritt in die Welt der Webanalyse ist oft der schwierigste, denn er erfordert ein Umdenken. Weg von der Intuition, hin zu einer datengetriebenen Herangehensweise. Es beginnt mit der Implementierung von Analyse-Tools wie Google Analytics, die als digitale Sensoren fungieren, die jede Bewegung auf einer Website aufzeichnen. Von der einfachen Erfassung der Besucherzahlen bis hin zur komplexen Analyse von Nutzerpfaden, Verweildauer und Absprungraten – die Webanalyse deckt alles ab.

Doch die Sammlung von Daten allein genügt nicht. Der wahre Wert der Webanalyse liegt in der Interpretation dieser Daten. Hier kommen Begriffe wie Conversion-Rate-Optimierung und Nutzerverhalten ins Spiel. Die Fähigkeit, aus Zahlen Handlungsempfehlungen abzuleiten, ist das, was gute Marketer von großartigen unterscheidet. Sie verstehen, dass jede Zahl eine Geschichte erzählt. Eine hohe Absprungrate auf einer Landing-Page kann beispielsweise auf nicht ansprechendes Design, mangelnde Benutzerfreundlichkeit oder unklare Call-to-Actions hinweisen.

Ein weiterer zentraler Aspekt der Webanalyse ist das A/B-Testing. Durch den Vergleich verschiedener Versionen einer Webseite oder eines Elements können Unternehmen herausfinden, welche Variante die besten Ergebnisse liefert. Dieser Prozess der kontinuierlichen Verbesserung ist essenziell, denn er basiert auf realen Daten und nicht auf Vermutungen.

Die Einführung in die Webanalyse ist auch eine Einführung in eine Kultur der Messbarkeit und der kontinuierlichen Optimierung. In einer Welt, in der sich die digitale Landschaft ständig verändert, bietet die Webanalyse den Unternehmen die Möglichkeit, agil zu bleiben, sich schnell anzupassen und ihre Strategien in Echtzeit zu optimieren. Es geht darum, die Effektivität jeder digitalen Initiative zu messen und sicherzustellen, dass jeder Euro, der in das digitale Marketing investiert wird, auch tatsächlich zur Erreichung der Unternehmensziele beiträgt.

Abschließend lässt sich sagen, dass die Einführung in die Webanalyse den Beginn einer Reise darstellt, auf der Unternehmen lernen, die Sprache der Daten zu sprechen. Diese Reise führt sie zu tieferen Einblicken in das Nutzerverhalten, ermöglicht präzisere Zielgruppenansprache und führt letztendlich zu besseren Geschäftsergebnissen. In der digitalen Ära ist die Webanalyse kein Luxus, sondern eine Notwendigkeit – der Leuchtturm, der Unternehmen sicher durch den Datennebel führt.

Interview mit einem Webanalyse-Experten: Auf dem Weg zu datengesteuertem Erfolg

Interviewer: Guten Tag und herzlich willkommen. Wir sprechen heute mit Max B., einem führenden Experten im Bereich Webanalyse. Max, kannst du uns zu Beginn erklären, warum Webanalyse für Unternehmen heute unverzichtbar ist?

Max B.: Natürlich, gerne. Die digitale Welt ist voller Potenziale, aber auch Herausforderungen. Webanalyse ist das Werkzeug, das Unternehmen ermöglicht, aus dem Meer von Daten, die ihre Online-Aktivitäten generieren, sinnvolle Erkenntnisse zu gewinnen. Es geht darum, die Bedürfnisse und das Verhalten der Nutzer zu verstehen, um die eigene Online-Präsenz optimal darauf auszurichten. Kurz gesagt, Webanalyse hilft Unternehmen, datengesteuerte Entscheidungen zu treffen, die zu echtem Wachstum führen.

Interviewer: Das klingt sehr überzeugend. Aber wie fangen Unternehmen an, Webanalyse effektiv zu nutzen?

Max B.: Der erste Schritt ist, die richtigen Werkzeuge zu implementieren und sicherzustellen, dass die Datenerfassung korrekt funktioniert. Danach geht es darum, die gesammelten Daten zu analysieren und zu interpretieren. Unternehmen müssen lernen, die richtigen Fragen zu stellen. Welche Seiten performen gut? Wo verlieren wir Nutzer? Wie können wir die Conversion-Rate verbessern? Die Antworten auf diese Fragen bilden die Basis für Optimierungsstrategien.

Interviewer: Kannst du ein Beispiel geben, wie ein Unternehmen durch Webanalyse einen Durchbruch erzielt hat?

Max B.: Ein gutes Beispiel ist ein E-Commerce-Unternehmen, das mit hohen Absprungraten auf seiner Checkout-Seite zu kämpfen hatte. Durch die Analyse der Nutzerdaten stellten sie fest, dass viele Besucher den Kaufvorgang abbrachen, weil der Checkout-Prozess zu kompliziert war. Sie vereinfachten den Prozess, führten A/B-Tests durch und konnten die Absprungrate deutlich reduzieren. Das Ergebnis war eine signifikante Steigerung der Conversion-Rate und des Umsatzes.

Interviewer: Beeindruckend! Aber gibt es auch Herausforderungen bei der Nutzung von Webanalyse?

Max B.: Absolut. Eine der größten Herausforderungen ist die Datenflut. Unternehmen müssen lernen, die wirklich wichtigen KPIs zu identifizieren und sich auf diese zu konzentrieren. Außerdem ist die Datenschutzgesetzgebung, wie die DSGVO in Europa, ein wichtiger Punkt. Unternehmen müssen sicherstellen, dass ihre Webanalyse-Praktiken konform sind.

Interviewer: Zum Abschluss, Max, welchen Rat würdest du Unternehmen geben, die ihre Webanalyse-Fähigkeiten verbessern möchten?

Max B.: Bleibt neugierig und experimentierfreudig. Webanalyse ist ein kontinuierlicher Lernprozess. Nutzt Schulungen und Ressourcen, die zur Verfügung stehen, und scheut euch nicht, Experten um Hilfe zu bitten. Der Schlüssel zum Erfolg liegt darin, immer auf der Suche nach Wegen zu sein, um die Nutzererfahrung und die Geschäftsergebnisse zu verbessern.

Interviewer: Vielen Dank, Max, für diese tiefen Einblicke in die Welt der Webanalyse. Es war uns eine Freude, dich hier zu haben.

Max B.: Das Vergnügen war ganz meinerseits. Danke für die Einladung.

8.2 Messung und Interpretation von Daten

In einer Welt, überschwemmt von Daten, wo jedes Klicken, Scrollen und Teilen Spuren hinterlässt, gibt es Helden, die nicht im Rampenlicht stehen, deren Arbeit jedoch unentbehrlich ist. Einer dieser Helden ist der Daten-Detektiv, eine fiktive Gestalt, die mit Akribie und Scharfsinn durch die endlosen Weiten digitaler Informationen navigiert. Ähnlich einem klassischen Detektiv, der mit Lupe und Notizbuch ausgerüstet ist, bedient sich unser Daten-Detektiv modernster Analysetools, um die verborgenen Geschichten zu entschlüsseln, die in den Daten verborgen liegen.

Stellen wir uns eine Szene vor: Ein Unternehmen steht vor einem Rätsel – trotz hoher Besucherzahlen auf ihrer Website bleiben die Verkaufszahlen hinter den Erwartungen zurück. Hier tritt unser Daten-Detektiv auf den Plan. Mit einem scharfen Auge für Details beginnt er seine Untersuchung, indem er die Daten misst: Wie lange bleiben Besucher auf der Seite? Welche Pfade nehmen sie durch die Website? Wo springen sie ab?

Die Messung der Daten ist nur der Anfang. Wie ein Detektiv, der Indizien zusammenträgt, sammelt unser Daten-Detektiv die Fakten. Doch die wahre Kunst liegt in der Interpretation dieser Daten. Er stellt Hypothesen auf, testet diese durch A/B-Tests und analysiert das Nutzerverhalten in Echtzeit. Jedes Detail kann der Schlüssel zur Lösung des Falls sein. War es die Gestaltung des Check-out-Prozesses, die die Kunden abschreckte? Oder waren es die Produktbeschreibungen, die nicht überzeugend genug waren?

Durch die Kombination aus messerscharfer Logik und technischem Know-how findet unser Daten-Detektiv schließlich die Lösung. Die Daten enthüllten, dass viele Kunden den Kaufvorgang abbrachen, weil der Check-out-Prozess zu kompliziert war. Mit dieser Erkenntnis bewaffnet, konnte das Unternehmen den Prozess vereinfachen und die Benutzerfreundlichkeit verbessern, was zu einer signifikanten Steigerung der Konversionsrate führte.

Unser Daten-Detektiv lehnt sich zurück, zufrieden mit der gelösten Aufgabe, doch er weiß, dass dies nur ein Fall von vielen ist. Die Welt der Daten ist voller Mysterien, die darauf warten, entschlüsselt zu werden. Die Botschaft ist klar: Die Messung und Interpretation von Daten sind entscheidende Fähigkeiten in der digitalen Ära, Werkzeuge, die Unternehmen nutzen können, um ihre Strategien zu verfeinern, Nutzererfahrungen zu optimieren und letztlich erfolgreicher zu sein.

Die Fähigkeit, Daten nicht nur zu sammeln, sondern sie auch richtig zu messen und zu interpretieren, ist zu einer der grundlegendsten Säulen im digitalen Zeitalter geworden. Dieser Prozess eröffnet Unternehmen eine Welt voller Möglichkeiten – von der Optimierung der Nutzererfahrung bis hin zur Steigerung der Umsätze. Doch was genau beinhaltet die Messung und Interpretation von Daten, und wie kann sie effektiv umgesetzt werden?

Zunächst einmal geht es bei der Messung darum, relevante Daten zu erfassen. Dies beinhaltet quantitative Daten wie Besucherzahlen, Verweildauer auf der Seite und Konversionsraten, aber auch qualitative Daten wie Nutzerfeedback und Interaktionsmuster. Moderne Analysetools ermöglichen eine detaillierte Erfassung dieser Informationen, liefern jedoch rohe Daten, die ohne den richtigen Kontext schwer zu verstehen sind.

Die wahre Kunst liegt in der Interpretation dieser Daten. Es reicht nicht aus, zu wissen, dass die Absprungrate auf einer bestimmten Seite hoch ist. Man muss verstehen, warum Nutzer die Seite verlassen. Hier kommen analytische Fähigkeiten ins Spiel. Durch das Stellen der richtigen Fragen und das Anwenden von statistischen Methoden können Datenwissenschaftler und Marketingexperten Muster erkennen und die Ursachen für bestimmte Verhaltensweisen identifizieren.

Ein zentraler Aspekt der Dateninterpretation ist die Segmentierung. Indem Nutzer basierend auf ihrem Verhalten, ihren Vorlieben oder demografischen Merkmalen in Gruppen eingeteilt werden, können spezifischere Einblicke gewonnen werden. Diese Segmentierung ermöglicht es Unternehmen, maßgeschneiderte Strategien zu entwickeln, die auf die Bedürfnisse und Erwartungen jeder Nutzergruppe zugeschnitten sind.

Ein weiteres wichtiges Element ist die Conversion-Path-Analyse. Durch das Verfolgen der Schritte, die Nutzer auf dem Weg zur Konversion unternehmen, können Unternehmen verstehen, welche Elemente ihrer Website oder App förderlich sind und welche potenzielle Hindernisse darstellen.

Diese Informationen sind entscheidend für die Optimierung des Nutzererlebnisses und die Steigerung der Konversionsrate.

Die Messung und Interpretation von Daten ermöglicht es Unternehmen auch, Trends zu erkennen und vorausschauend zu handeln. Durch die Analyse von Daten über einen längeren Zeitraum hinweg können Veränderungen im Nutzerverhalten identifiziert und Prognosen über zukünftige Entwicklungen angestellt werden. Diese prospektive Analyse ist entscheidend für die langfristige Planung und Strategieentwicklung.

Abschließend lässt sich sagen, dass die Messung und Interpretation von Daten im digitalen Marketing kein einmaliges Projekt, sondern ein kontinuierlicher Prozess ist. Die digitale Landschaft verändert sich ständig, und nur durch ständige Überwachung, Analyse und Anpassung können Unternehmen in diesem dynamischen Umfeld erfolgreich sein. Es geht darum, die Sprache der Daten zu verstehen und sie zu nutzen, um fundierte Entscheidungen zu treffen, die zu messbaren Ergebnissen führen.

8.3 Optimierung der Nutzererfahrung zur Steigerung der Conversion-Rate

Stellen Sie sich vor, Sie betreten einen Laden und das erste, was Ihnen auffällt, ist das Chaos. Produkte sind willkürlich platziert, die Preisschilder fehlen, und der Weg zur Kasse gleicht einem Hindernislauf. Genau so fühlte sich die Webseite von Herrn Schmidt, einem ambitionierten Online-Shop-Besitzer, für seine Besucher an. Er hatte alles: eine beeindruckende Produktvielfalt, wettbewerbsfähige Preise und eine Leidenschaft für seinen Beruf. Was ihm fehlte, war die Erkenntnis, dass der erste Eindruck seiner Webseite zählt.

Herr Schmidt war überzeugt, dass seine Produkte für sich selbst sprechen würden. Doch die Realität sah anders aus. Trotz eines stetigen Stroms von Besuchern waren die Verkaufszahlen enttäuschend. Die Ursache? Eine Benutzeroberfläche, die eher einem Labyrinth glich, langsame Ladezeiten und ein Checkout-Prozess, der Kunden eher abschreckte als zum Kauf animierte. Es war, als würde man versuchen, durch einen dicht bewachsenen Dschungel zu navigieren, ohne Kompass und Karte.

Die Wende kam, als Herr Schmidt einen erfahrenen Webdesigner traf. Dieser erklärte ihm, dass die Optimierung der Nutzererfahrung nicht nur eine Frage der Ästhetik ist, sondern eine essenzielle Grundlage für den Erfolg im Online-Handel. Gemeinsam machten sie sich an die Arbeit, transformierten die Webseite von Grund auf und stellten den Kunden in den Mittelpunkt aller Überlegungen.

Sie führten A/B-Tests durch, um verschiedene Layouts, Farbschemata und Call-to-Action-Buttons zu bewerten. Jedes Element der Seite wurde daraufhin überprüft, ob es zur Zufriedenheit der Nutzer beiträgt oder sie hindert. Die Menüführung wurde vereinfacht, Produktbeschreibungen klarer formuliert und der Checkout-Prozess auf wenige, einfache Schritte reduziert.

Das Ergebnis? Eine Webseite, die nicht nur visuell ansprechend war, sondern auch eine Freude zu navigieren. Kunden fanden, was sie suchten, und genossen den Einkaufsprozess so sehr, dass sie nicht nur wiederkamen, sondern die Seite auch in ihren sozialen Netzwerken teilten. Die Conversion-Rate, einst ein Sorgenkind, schoss in die Höhe.

Herr Schmidt hatte gelernt, dass der erste Eindruck im digitalen Zeitalter oft der einzige Eindruck ist, den man bekommt. Durch die Optimierung der Nutzererfahrung hatte er seine Webseite von einer digitalen Geisterstadt in einen blühenden Marktplatz verwandelt. Seine Geschichte ist ein lebendiges Beispiel dafür, dass in der Welt des Online-Handels der erste Eindruck nicht nur zählt, sondern entscheidend ist.

Im digitalen Zeitalter, wo der Wettbewerb nur einen Klick entfernt ist, entscheidet oft der erste Eindruck darüber, ob ein Besucher auf Ihrer Webseite verweilt oder schnell wieder abspringt. Die Optimierung der Nutzererfahrung (User Experience, UX) zur Steigerung der Conversion-Rate ist daher nicht nur eine Aufgabe für Designer und Entwickler, sondern eine strategische Notwendigkeit für jedes Unternehmen, das online erfolgreich sein möchte.

Eine optimierte Nutzererfahrung beginnt mit der Verständlichkeit der Webseite. Jeder Aspekt der Seite, von der Navigation bis zum Inhalt, muss intuitiv und leicht zugänglich sein. Besucher sollten nicht raten müssen, wohin sie als Nächstes klicken sollen oder wie sie zu Informationen oder Produkten gelangen, die sie suchen. Eine klare, logische Struktur und eine intuitive Benutzeroberfläche sind das Fundament, auf dem erfolgreiche digitale Erlebnisse gebaut werden.

Doch UX geht über die bloße Usability hinaus. Es geht darum, positive Emotionen und Verbindungen zu schaffen. Emotional ansprechende Designelemente, wie ansprechende Bilder, überzeugende Geschichten und personalisierte Inhalte, spielen eine entscheidende Rolle dabei, Besucher zu fesseln und zu Kunden zu machen. Personalisierung, die sich aus dem Verhalten und den Vorlieben der Nutzer speist, kann die Relevanz der präsentierten Inhalte erheblich steigern und so die Bindung zum Besucher vertiefen.

Ein weiterer zentraler Aspekt der Nutzererfahrung ist die Geschwindigkeit. In einer Welt der sofortigen Befriedigung erwarten Nutzer, dass Webseiten schnell laden. Eine Verzögerung von nur wenigen Sekunden kann die Abbruchrate deutlich erhöhen und somit potenzielle Einnahmen reduzieren. Unternehmen müssen daher in schnelle Hosting-Dienste investieren, Bilder und Videos optimieren und auf eine schlanke Codebasis achten, um ihre Webseiten blitzschnell zu machen.

Die Optimierung der Nutzererfahrung endet nicht mit dem Launch einer Webseite. Es ist ein kontinuierlicher Prozess, der regelmäßiges Testen, Messen und Anpassen erfordert. Tools wie A/B-Tests, Heatmaps und Nutzerfeedback-Plattformen sind unverzichtbar, um zu verstehen, wie Besucher mit der Seite interagieren und wo Verbesserungen notwendig sind. Diese Erkenntnisse ermöglichen es Unternehmen, iterativ ihre Webseiten zu verbessern und die Conversion-Raten kontinuierlich zu steigern.

Abschließend lässt sich sagen, dass die Optimierung der Nutzererfahrung zur Steigerung der Conversion-Rate eine Investition in den Erfolg eines jeden digitalen Unternehmens ist. Eine Webseite, die schnell, intuitiv und emotional ansprechend ist, zieht nicht nur mehr Besucher an, sondern verwandelt sie auch effektiver in treue Kunden. In einer Welt, in der der erste Eindruck entscheidend ist, kann eine hervorragende Nutzererfahrung der Schlüssel zum digitalen Erfolg sein.

Studie zur Nutzererfahrung

In der digitalen Landschaft von heute, wo der erste Eindruck einer Webseite entscheidend für den Erfolg eines Unternehmens sein kann, hat eine aktuelle Studie gezeigt, dass die Optimierung der Nutzererfahrung (UX) direkt zu einer signifikanten Steigerung der Conversion-Rate führt. Die Forschung, durchgeführt von einem führenden Technologieinstitut, unterstreicht die kritische Bedeutung einer intuitiven, schnellen und emotional ansprechenden Webseite.

Die Studie, die über 500 Online-Geschäfte analysierte, fand heraus, dass Webseiten mit einer optimierten Nutzererfahrung bis zu 70% höhere Conversion-Raten erzielten im Vergleich zu solchen, die wenig bis keine UX-Optimierungen vornahmen. Schlüsselfaktoren für eine positive Nutzererfahrung umfassten eine klare Navigation, schnelle Ladezeiten, personalisierte Inhalte und ein ansprechendes Design.

Ein Experte für digitales Marketing, Dr. Lena Bauer, kommentierte die Ergebnisse wie folgt: „Diese Studie bestätigt, was viele im Feld schon lange vermutet haben. Die Investition in eine hervorragende Nutzererfahrung zahlt sich nicht nur in verbesserten Conversion-Raten aus, sondern stärkt auch die Markenbindung und Kundenloyalität."

Darüber hinaus zeigte die Forschung, dass Unternehmen, die kontinuierlich in UX investieren und regelmäßig ihre Webseiten auf Basis von Nutzerfeedback und A/B-Tests optimieren, einen langfristigen Wettbewerbsvorteil erzielen. „Es ist ein kontinuierlicher Prozess", sagt Dr. Bauer. „Die digitalen Präferenzen ändern sich schnell, und Unternehmen müssen agil bleiben, um die Nutzererfahrung ständig zu verbessern."

Die Nachricht unterstreicht die Bedeutung von UX-Design als entscheidendem Faktor für den Online-Erfolg. In einer Zeit, in der die digitale Präsenz für Unternehmen aller Größen wichtiger denn je ist, bietet die Optimierung der Nutzererfahrung eine klare Möglichkeit, sich von der Konkurrenz abzuheben und die Kundenzufriedenheit zu steigern.

Mit dieser Erkenntnis rücken Strategien zur Optimierung der Nutzererfahrung weiter in den Fokus von Marketingexperten und Webentwicklern weltweit. Die Studie empfiehlt Unternehmen, UX als integralen Bestandteil ihrer digitalen Marketingstrategie zu betrachten und in Technologien und Fachkenntnisse zu investieren, die notwendig sind, um Webseiten zu schaffen, die nicht nur funktionieren, sondern begeistern.

9. RECHTLICHE ASPEKTE UND DATENSCHUTZ

9.1 Überblick über relevante rechtliche Rahmenbedingungen

Ein Überblick über relevante rechtliche Rahmenbedingungen im Bereich Datenschutz ist unerlässlich für Unternehmen, die im digitalen Raum tätig sind und personenbezogene Daten verarbeiten. Die Datenschutzgesetzgebung variiert je nach Land und Region, aber es gibt einige grundlegende Prinzipien, die in den meisten Rechtsordnungen gelten.

Eine der wichtigsten rechtlichen Rahmenbedingungen im Bereich Datenschutz ist die Datenschutz-Grundverordnung (DSGVO) der Europäischen Union. Die DSGVO legt strenge Anforderungen an die Erhebung, Verarbeitung und Speicherung von personenbezogenen Daten fest und gewährt den betroffenen Personen umfassende Rechte in Bezug auf ihre Daten.

Darüber hinaus gibt es in vielen Ländern spezifische Gesetze und Vorschriften zum Datenschutz, die zusätzliche Anforderungen und Bestimmungen enthalten können. In den USA zum Beispiel ist der California Consumer Privacy Act (CCPA) ein wichtiges Gesetz, das den Schutz der Privatsphäre von Verbrauchern in Kalifornien regelt und Unternehmen dazu verpflichtet, bestimmte Offenlegungen in Bezug auf die Erhebung und Verwendung von Daten vorzunehmen.

Weitere relevante rechtliche Rahmenbedingungen im Bereich Datenschutz umfassen internationale Abkommen und Vereinbarungen, wie etwa das Datenschutzabkommen zwischen den USA und der EU (Privacy Shield), das den Transfer personenbezogener Daten zwischen den beiden Regionen regelt.

Es ist wichtig, dass Unternehmen die geltenden rechtlichen Rahmenbedingungen im Bereich Datenschutz genau verstehen und entsprechende Maßnahmen ergreifen, um die Einhaltung dieser Vorschriften sicherzustellen. Dazu gehört unter anderem die Implementierung von Datenschutzrichtlinien und -verfahren, die Schulung von Mitarbeitern im Umgang mit personenbezogenen Daten und die Durchführung von Datenschutz-Folgenabschätzungen.

Insgesamt sind relevante rechtliche Rahmenbedingungen im Bereich Datenschutz entscheidend für den Schutz der Privatsphäre und der Rechte der Verbraucher und tragen dazu bei, das Vertrauen in die digitale Wirtschaft zu stärken. Durch die Einhaltung dieser Vorschriften können Unternehmen das Risiko von Datenschutzverletzungen minimieren und langfristige Beziehungen zu ihren Kunden aufbauen.

9.2 Datenschutz und Compliance:

Einhaltung gesetzlicher Vorgaben und Datenschutzrichtlinien in der Online-Werbung.

Die Einhaltung gesetzlicher Vorgaben und Datenschutzrichtlinien ist ein essenzieller Aspekt der Online-Werbung, der sowohl rechtliche als auch ethische Verpflichtungen umfasst. In einer zunehmend digitalisierten Welt ist der Schutz personenbezogener Daten von höchster Bedeutung, um die Privatsphäre und die Rechte der Verbraucher zu wahren.

Zu den wichtigsten gesetzlichen Vorgaben im Bereich Datenschutz und Compliance zählen unter anderem die Datenschutz-Grundverordnung (DSGVO) in der Europäischen Union und ähnliche Gesetze und Richtlinien in anderen Regionen der Welt. Diese Vorschriften legen fest, wie personenbezogene Daten erhoben, verarbeitet, gespeichert und weitergegeben werden dürfen und welche Rechte Verbraucher in Bezug auf ihre Daten haben.

In der Online-Werbung bedeutet dies, dass Unternehmen sicherstellen müssen, dass sie nur Daten von Nutzern erheben und verwenden, wenn sie hierzu eine rechtliche Grundlage haben und die Zustimmung der betroffenen Personen vorliegt. Dies umfasst auch die transparente Kommunikation über die Art und Weise, wie Daten verwendet werden, sowie die Möglichkeit für Nutzer, ihre Einwilligung jederzeit zu widerrufen.

Darüber hinaus müssen Unternehmen sicherstellen, dass sie angemessene Sicherheitsmaßnahmen implementieren, um die Vertraulichkeit und Integrität der Daten zu gewährleisten und vor unbefugtem Zugriff oder Missbrauch zu schützen. Dazu gehören beispielsweise die Verschlüsselung von Datenübertragungen, die regelmäßige Überprüfung von Sicherheitsmaßnahmen und die Schulung von Mitarbeitern im Umgang mit sensiblen Daten.

Die Nichteinhaltung der gesetzlichen Vorgaben und Datenschutzrichtlinien kann schwerwiegende rechtliche und finanzielle Konsequenzen nach sich ziehen, einschließlich Bußgeldern und Reputationsschäden für das Unternehmen. Daher ist es von entscheidender Bedeutung, dass Unternehmen ihre Online-Werbemaßnahmen stets im Einklang mit den geltenden Gesetzen und Richtlinien durchführen und sich kontinuierlich über neue Entwicklungen informieren.

Insgesamt ist die Einhaltung gesetzlicher Vorgaben und Datenschutzrichtlinien ein unverzichtbarer Bestandteil einer verantwortungsvollen und ethischen Online-Werbestrategie, die das Vertrauen der Verbraucher stärkt und langfristige Beziehungen zu Kunden aufbaut.

9.3 Transparente Werbepraktiken:

Bedeutung ethischer Grundsätze und Transparenz in der Werbekommunikation.

Transparente Werbepraktiken sind ein grundlegender Bestandteil ethischer Werbekommunikation und spielen eine entscheidende Rolle bei der Schaffung von Vertrauen und Glaubwürdigkeit bei Verbrauchern. In einer Zeit, in der die Verbraucher zunehmend kritisch gegenüber Werbung sind und eine größere Transparenz von Unternehmen erwarten, ist es wichtiger denn je, ethische Grundsätze in der Werbekommunikation zu beachten.

Die Bedeutung ethischer Grundsätze in der Werbung liegt darin, dass Werbung nicht irreführend oder manipulativ sein sollte, sondern den Verbrauchern klare und ehrliche Informationen bereitstellen sollte. Dies bedeutet, dass Werbung die Fakten richtig darstellen und keine falschen Versprechungen machen sollte, um Kunden anzulocken.

Transparenz in der Werbekommunikation beinhaltet auch die Offenlegung von relevanten Informationen, die für die Verbraucher von Bedeutung sein können, wie beispielsweise die Herkunft eines Produkts, potenzielle Nebenwirkungen oder versteckte Kosten. Durch eine transparente Kommunikation können Unternehmen das Vertrauen der Verbraucher stärken und langfristige Beziehungen aufbauen.

Ein weiterer wichtiger Aspekt transparenter Werbepraktiken ist die Achtung der Privatsphäre und der persönlichen Daten der Verbraucher. Unternehmen sollten klar kommunizieren, wie sie Daten sammeln, verwenden und schützen, und sicherstellen, dass die Zustimmung der Verbraucher eingeholt wird, bevor personenbezogene Daten erhoben werden.

Darüber hinaus sollten Unternehmen sicherstellen, dass ihre Werbepraktiken den geltenden Gesetzen und Richtlinien entsprechen, einschließlich ethischer Kodizes und Selbstregulierungsmechanismen der Branche. Dies umfasst die Einhaltung von Werbestandards, die Vermeidung von Diskriminierung und die Achtung kultureller Sensibilitäten.

Insgesamt sind transparente Werbepraktiken ein wesentlicher Bestandteil einer verantwortungsvollen und ethischen Unternehmensführung, die das Vertrauen der Verbraucher stärkt und langfristige Erfolge sichert. Durch die Einhaltung ethischer Grundsätze und die Förderung von Transparenz können Unternehmen eine positive Reputation aufbauen und eine nachhaltige Beziehung zu ihren Kunden aufbauen.

9.4 Umgang mit Ad-Blockern:

Strategien zur Ansprache von Nutzern, die Ad-Blocker verwenden.

Der Umgang mit Ad-Blockern stellt eine Herausforderung für Unternehmen dar, die auf Online-Werbung angewiesen sind, um ihre Produkte und Dienstleistungen zu bewerben. Ad-Blocker sind Softwareprogramme, die Werbung auf Websites blockieren und somit die Möglichkeit beeinträchtigen, potenzielle Kunden zu erreichen.

Um Nutzer zu erreichen, die Ad-Blocker verwenden, ist es wichtig, alternative Werbestrategien zu entwickeln, die nicht von diesen Blockern betroffen sind. Eine Möglichkeit besteht darin, native Werbeformate zu verwenden, die nahtlos in den redaktionellen Inhalt einer Website integriert sind und weniger wahrscheinlich von Ad-Blockern erkannt werden.

Eine weitere Strategie ist die Nutzung von Influencer-Marketing, bei dem Unternehmen mit bekannten Persönlichkeiten oder Influencern zusammenarbeiten, um ihre Produkte oder Dienstleistungen zu bewerben. Da Influencer ihre Botschaften oft über soziale Medien verbreiten, können sie eine effektive Möglichkeit bieten, Nutzer zu erreichen, die Ad-Blocker verwenden.

Darüber hinaus können Unternehmen gezielt auf Content-Marketing setzen, indem sie hochwertige und informative Inhalte erstellen, die für die Zielgruppe relevant sind und einen Mehrwert bieten. Durch die Bereitstellung von nützlichen Informationen können Unternehmen das Interesse der Nutzer wecken und ihre Produkte oder Dienstleistungen indirekt bewerben, ohne auf traditionelle Werbeformate zurückzugreifen.

Eine weitere Möglichkeit besteht darin, auf bezahlte Suchanzeigen zu setzen, die in den Suchergebnissen von Suchmaschinen wie Google angezeigt werden. Da diese Anzeigen nicht von Ad-Blockern blockiert werden, können sie eine effektive Möglichkeit bieten, Nutzer zu erreichen, die Ad-Blocker verwenden.

Insgesamt ist der Umgang mit Ad-Blockern eine Herausforderung, die kreative und innovative Lösungen erfordert. Durch die Entwicklung alternativer Werbestrategien und die Nutzung verschiedener Kanäle können Unternehmen auch in einer Welt mit Ad-Blockern weiterhin erfolgreich werben und ihre Zielgruppe erreichen.

10. FALLSTUDIEN UND BEST PRACTICES

10.1 Erfolgsbeispiele von IT-Unternehmen

10.1.1 Fallstudie: KI-Transformation bei TechnoLogix – Ein Durchbruch in personalisierten IT-Lösungen

In der sich rasant entwickelnden IT-Landschaft hat TechnoLogix, ein mittelständisches IT-Unternehmen, einen bedeutenden Meilenstein erreicht. Die Firma, bekannt für ihre innovativen Softwarelösungen, hat Künstliche Intelligenz (KI) erfolgreich in ihre Produkte integriert, um personalisierte und effiziente Dienstleistungen anzubieten. Diese Fallstudie beleuchtet den Weg von TechnoLogix zur KI-Integration, die erzielten Ergebnisse und die daraus resultierenden Geschäftsimpulse.

Die Herausforderung

Trotz eines soliden Portfolios an IT-Dienstleistungen sah sich TechnoLogix mit zunehmender Konkurrenz und einem Markt konfrontiert, der immer stärker personalisierte Lösungen forderte. Das Unternehmen erkannte die Notwendigkeit, seine Angebote durch die Implementierung von KI zu differenzieren, um die Kundenbedürfnisse effektiver zu erfüllen und die interne Effizienz zu steigern.

Der Implementierungsprozess

Die Einführung von KI bei TechnoLogix war ein mehrstufiger Prozess, der mit einer umfassenden Markt- und Technologiebewertung begann. Das Unternehmen identifizierte Schlüsselbereiche, in denen KI die größte Wirkung erzielen könnte: Kundenservice, Produktanpassung und Datenanalyse.

Ein interdisziplinäres Team aus KI-Experten, Produktmanagern und Entwicklern wurde zusammengestellt, um maßgeschneiderte KI-Lösungen zu entwickeln. Diese Teams arbeiteten eng mit den Kunden zusammen, um deren Bedürfnisse zu verstehen und Lösungen zu entwerfen, die echten Mehrwert bieten.

Erreichte Ergebnisse

Die Implementierung von KI-Technologien führte bei TechnoLogix zu bemerkenswerten Ergebnissen:

- **Verbesserter Kundenservice**: Durch den Einsatz von KI-gestützten Chatbots konnte das Unternehmen seinen Kundenservice rund um die Uhr verfügbar machen, wodurch die Kundenzufriedenheit deutlich stieg.
- **Personalisierte Produkte**: KI-Algorithmen ermöglichten es, Produkte und Dienstleistungen in Echtzeit zu personalisieren, was zu einer höheren Kundenbindung und -zufriedenheit führte.
- **Effiziente Datenanalyse**: Die Fähigkeit, große Datenmengen schnell zu analysieren, erlaubte es TechnoLogix, Markttrends vorherzusehen und strategische Entscheidungen schneller zu treffen.

Auswirkungen auf das Geschäft

Die KI-Integration hat TechnoLogix in die Lage versetzt, sich als Marktführer in der Bereitstellung personalisierter IT-Lösungen zu positionieren. Das Unternehmen verzeichnete ein signifikantes Wachstum in Bezug auf Umsatz und Marktdurchdringung. Darüber hinaus verbesserte die gesteigerte interne Effizienz die Profitabilität und ermöglichte eine schnellere Skalierung neuer Produkte.

Fazit

Die erfolgreiche Implementierung von KI-Technologien bei TechnoLogix unterstreicht das enorme Potenzial, das KI für IT-Unternehmen bietet. Indem sie KI nutzen, um personalisierte und effiziente Lösungen anzubieten, können Unternehmen nicht nur ihre Marktstellung verbessern, sondern auch die Kundenzufriedenheit steigern und neue Wachstumsmöglichkeiten erschließen. TechnoLogix dient als inspirierendes Beispiel dafür, wie die strategische Integration von KI die Landschaft der IT-Dienstleistungen transformieren kann.

10.1.2 Fallstudie: CloudScale – Vom Start-up zum Global Player im Cloud Computing

In der Welt des Cloud Computing hat CloudScale, ein dynamisches Start-up, eine bemerkenswerte Reise hinter sich. Von seinen bescheidenen Anfängen bis hin zur Bedienung globaler Unternehmen, hat CloudScale durch innovative Lösungen und strategische Skalierung eine führende Position im Markt erlangt. Diese Fallstudie beleuchtet den Wachstumsprozess von CloudScale, die strategischen Entscheidungen, die zum Erfolg führten, und die Herausforderungen, die das Unternehmen auf seinem Weg meistern musste.

Der Anfang

CloudScale wurde von einer Gruppe von Enthusiasten gegründet, die das Potenzial von Cloud Computing erkannten, um Unternehmen effiziente, skalierbare und kosteneffektive IT-Infrastrukturen anzubieten. Anfangs konzentrierte sich das Start-up auf die Entwicklung einer robusten, aber flexiblen Cloud-Infrastrukturplattform, die kleinen und mittleren Unternehmen (KMU) maßgeschneiderte Lösungen bot.

Wachstumsstrategie

Das Wachstum von CloudScale war kein Zufallsprodukt; es war das Ergebnis einer sorgfältig durchdachten Strategie:

- **Fokussierung auf Innovation**: CloudScale investierte kontinuierlich in Forschung und Entwicklung, um sicherzustellen, dass ihre Plattform die neuesten Technologien und Best Practices im Cloud Computing nutzte.
- **Kundenorientierte Lösungen**: Das Unternehmen legte großen Wert auf Kundenzufriedenheit, indem es maßgeschneiderte Lösungen anbot, die genau auf die spezifischen Bedürfnisse und Herausforderungen der Kunden zugeschnitten waren.
- **Strategische Partnerschaften**: CloudScale ging Partnerschaften mit etablierten Technologie- und Vertriebspartnern ein, um seine Reichweite zu erweitern und Zugang zu neuen Märkten zu erhalten.

Herausforderungen und Lösungen

Auf dem Weg zum Erfolg stieß CloudScale auf mehrere Herausforderungen:

- **Skalierungsprobleme**: Mit dem schnellen Wachstum kamen Skalierungsprobleme. CloudScale reagierte darauf, indem es seine Infrastruktur stetig ausbaute und in Automatisierung investierte, um die Effizienz zu erhöhen.
- **Wettbewerbsdruck**: In einem hart umkämpften Markt musste CloudScale seine Nische finden. Das Unternehmen konzentrierte sich auf Branchen, die von herkömmlichen Anbietern unterversorgt waren, und bot spezialisierte Lösungen an.
- **Komplexität des Cloud-Managements**: Kunden hatten Schwierigkeiten, die komplexen Cloud-Lösungen zu verwalten. CloudScale entwickelte daher ein benutzerfreundliches Management-Dashboard, das Kunden eine vereinfachte Steuerung ihrer Ressourcen ermöglichte.

Ergebnisse

Dank seiner Strategien und Lösungen konnte CloudScale beeindruckende Ergebnisse erzielen:

- **Globale Expansion**: CloudScale bedient nun Kunden weltweit und hat seine Präsenz in mehreren Ländern durch lokale Büros und Datenzentren verstärkt.
- **Branchenführer**: Das Unternehmen wird nun als einer der führenden Anbieter im Bereich der maßgeschneiderten Cloud-Lösungen angesehen, insbesondere für KMU und spezialisierte Branchen.
- **Wirtschaftlicher Erfolg**: CloudScale hat nicht nur seine Umsätze und Marktanteile gesteigert, sondern auch eine hohe Kundenzufriedenheit und Kundenbindung erreicht.

Fazit

CloudScale demonstriert eindrucksvoll, wie ein Start-up im Cloud Computing-Bereich durch Innovation, kundenorientierte Lösungen und strategische Partnerschaften erfolgreich skaliert werden kann. Trotz der Herausforderungen hat CloudScale bewiesen, dass mit der richtigen Strategie und einem engagierten Team auch in einem wettbewerbsintensiven Markt außergewöhnliche Erfolge möglich sind. Ihre Geschichte ist eine Inspiration für Start-ups weltweit, die in der Cloud-Computing-Branche Fuß fassen und expandieren wollen.

10.1.3 Fallstudie: Data-Driven Marketing bei InfoTech Solutions – Personalisierung als Schlüssel zur Kundenbindung

In der digitalen Ära, in der Kundenbeziehungen und personalisierte Erlebnisse zunehmend in den Vordergrund rücken, hat InfoTech Solutions, ein etabliertes IT-Unternehmen, Data Analytics erfolgreich eingesetzt, um das Kundenverhalten zu analysieren und daraufhin maßgeschneiderte Marketingstrategien zu entwickeln. Diese Fallstudie beleuchtet die von InfoTech Solutions angewandten Datenanalysemethoden, die gewonnenen Erkenntnisse und die Umsetzung von Marketingkampagnen zur Steigerung der Kundenbindung.

Herausforderung

Trotz eines umfangreichen Portfolios an IT-Dienstleistungen und Produkten sah sich InfoTech Solutions mit sinkender Kundenbindung und zunehmender Marktsättigung konfrontiert. Das Unternehmen erkannte die Notwendigkeit, seine Marketingstrategien zu überdenken und stärker auf die individuellen Bedürfnisse und Vorlieben seiner Kunden einzugehen.

Datenanalysemethoden

InfoTech Solutions implementierte fortschrittliche Data-Analytics-Technologien, um umfangreiche Kunden- und Interaktionsdaten zu sammeln und zu analysieren. Zu den eingesetzten Methoden gehörten:

- **Maschinelles Lernen**: Zur Identifikation von Mustern im Kundenverhalten und zur Vorhersage zukünftiger Bedürfnisse.
- **Segmentierung**: Um die Kundenbasis in spezifische Gruppen zu unterteilen, basierend auf Verhalten, demografischen Merkmalen und Kaufhistorie.

- **Sentimentanalyse**: Zur Bewertung der Kundenstimmung in sozialen Medien und Kundenfeedbacks, um Einblicke in die Kundenzufriedenheit zu gewinnen.

Identifizierte Erkenntnisse

Durch die Datenanalyse konnte InfoTech Solutions wertvolle Erkenntnisse gewinnen, darunter:

- **Präferenzen und Bedürfnisse**: Ein tieferes Verständnis der spezifischen Wünsche einzelner Kundensegmente.
- **Engagement-Zeiten**: Die optimalen Zeiten für die Interaktion mit Kunden über verschiedene Kanäle.
- **Kundenfeedback**: Direkte Rückmeldungen zu Produkten und Dienstleistungen, die zur Produktverbesserung genutzt wurden.

Implementierung von Marketingkampagnen

Mit den gewonnenen Einblicken entwickelte InfoTech Solutions personalisierte Marketingkampagnen, die auf die spezifischen Bedürfnisse und Vorlieben der identifizierten Kundensegmente zugeschnitten waren. Dazu gehörten:

- **Personalisierte E-Mail-Kampagnen**: Basierend auf dem Kaufverhalten und den Interessen der Kunden.
- **Zielgerichtete Werbung**: Einsatz von Data Analytics, um Werbeinhalte auf Plattformen zu schalten, die von den Zielgruppen bevorzugt werden.
- **Kundenbindungsprogramme**: Entwicklung von Loyalitätsprogrammen, die auf den analysierten Präferenzen und Verhaltensweisen der Kunden basieren.

Ergebnisse

Die Einführung von datengesteuerten Marketingstrategien führte bei InfoTech Solutions zu signifikanten Verbesserungen in der Kundenbindung und -zufriedenheit. Spezifische Erfolge umfassten:

- **Erhöhte Öffnungsraten**: Bei personalisierten E-Mail-Kampagnen wurde eine deutliche Steigerung der Öffnungs- und Klickraten verzeichnet.

• **Steigerung der Konversionsraten**: Durch zielgerichtete Werbekampagnen konnte eine höhere Konversionsrate erzielt werden.

• **Verbesserte Kundenbindung**: Die maßgeschneiderten Kundenbindungsprogramme führten zu einer erhöhten Loyalität und einem Anstieg der Wiederkaufsraten.

Fazit

Die Fallstudie von InfoTech Solutions demonstriert eindrucksvoll, wie die strategische Nutzung von Data Analytics zur Optimierung der Kundeninteraktion und zur Entwicklung personalisierter Marketingstrategien beitragen kann. Durch ein tiefgreifendes Verständnis des Kundenverhaltens und der Präferenzen konnte InfoTech Solutions seine Marketingansätze verfeinern, was zu einer verbesserten Kundenbindung und einem gesteigerten Geschäftserfolg führte.

10.1.4 Fallstudie: Mobile Erfolgsgeschichte – Die Journey-App

In einer Zeit, in der der Markt mit mobilen Anwendungen gesättigt scheint, hat die Journey-App, ein Produkt des innovativen Softwareunternehmens AppVision, die Welt im Sturm erobert. Diese Fallstudie untersucht den Entwicklungsprozess, die einzigartigen Funktionen und die erfolgreichen Strategien zur Nutzergewinnung und -bindung, die Journey zu einem Marktführer in seiner Kategorie gemacht haben.

Entwicklungsprozess

Die Idee hinter Journey war es, eine App zu schaffen, die Nutzern hilft, ihre täglichen Routen effizienter zu planen, indem sie Verkehrsinformationen, Wetterbedingungen und persönliche Präferenzen berücksichtigt. Der Entwicklungsprozess umfasste mehrere Schlüsselschritte:

• **Marktforschung**: Um die Bedürfnisse der Zielgruppe zu verstehen, führte AppVision eine umfassende Marktforschung durch, die sowohl quantitative als auch qualitative Methoden umfasste.

• **Prototyping und User Testing**: Frühe Prototypen der App wurden entwickelt und durch mehrere Runden des User Testing iteriert, um Benutzerfeedback zu sammeln und die Benutzererfahrung zu optimieren.

- **Agile Entwicklung**: AppVision wählte einen agilen Entwicklungsansatz, der schnelle Iterationen und eine flexible Anpassung an Benutzerfeedback ermöglichte, um die App kontinuierlich zu verbessern.

Funktionen

Journey unterscheidet sich von anderen Navigationsapps durch seine personalisierten Routenvorschläge, die nicht nur die schnellste, sondern auch die angenehmste Route vorschlagen, basierend auf den Präferenzen des Nutzers. Zu den herausragenden Funktionen gehören:

- **Personalisierte Routenplanung**: Nutzer können Präferenzen wie die Vermeidung von Mautstraßen, die Bevorzugung von landschaftlich reizvollen Wegen oder die Integration von Zwischenstopps festlegen.
- **Integrierte Verkehrs- und Wetterdaten**: Echtzeit-Verkehrsinformationen und Wettervorhersagen werden genutzt, um Empfehlungen für die beste Abfahrtszeit zu geben.
- **Community-Features**: Nutzer können Routen bewerten und Tipps hinterlassen, wodurch eine Gemeinschaft von Reisenden entsteht, die ihre Erfahrungen teilen.

Strategien zur Nutzergewinnung und -bindung

AppVision implementierte mehrere Schlüsselstrategien, um Nutzer zu gewinnen und langfristig an die App zu binden:

- **Virales Marketing**: Durch die Implementierung von Share-Funktionen innerhalb der App wurden Nutzer ermutigt, ihre Reiseerlebnisse in sozialen Netzwerken zu teilen, was zu organischem Wachstum führte.
- **Gamification**: Durch das Hinzufügen von Gamification-Elementen, wie Abzeichen für erreichte Meilensteine und Leaderboards, wurde die Nutzerbindung erhöht.
- **Kontinuierliche Updates**: Regelmäßige Updates mit neuen Funktionen und Verbesserungen basierend auf Nutzerfeedback

sorgten für eine stetige Verbesserung der App und eine hohe Zufriedenheit der Nutzerbasis.

Ergebnis

Dank dieser Strategien und der Fokussierung auf eine hervorragende Benutzererfahrung hat Journey Millionen von Downloads erreicht und hält konstant hohe Bewertungen in den App Stores. Die App hat nicht nur die Art und Weise, wie Menschen ihre Reisen planen, revolutioniert, sondern auch neue Standards für mobile Anwendungen gesetzt.

Fazit

Die Entwicklung und der Erfolg der Journey-App zeigen, dass mit einer klaren Vision, einem nutzerzentrierten Entwicklungsansatz und kreativen Strategien zur Nutzergewinnung und -bindung auch in einem gesättigten Markt signifikante Erfolge erzielt werden können. AppVision hat bewiesen, dass das Verständnis und die Erfüllung der Bedürfnisse der Nutzer der Schlüssel zu einer erfolgreichen mobilen App sind.

10.1.5 Fallstudie: E-Commerce Revolution durch TechTrend – Ein Paradigmenwechsel im Online-Handel

TechTrend, ein visionäres IT-Unternehmen, hat durch die Entwicklung und Implementierung einer innovativen E-Commerce-Plattform den Online-Handel neu definiert. Diese Plattform, die sowohl für kleine als auch für mittelständische Unternehmen konzipiert wurde, hat signifikanten Umsatz generiert und eine starke Kundenbindung aufgebaut. Diese Fallstudie untersucht die Design- und Entwicklungsaspekte der Plattform, die Nutzererfahrung und die Marketingstrategien, die TechTrend angewandt hat, um sich auf dem Markt durchzusetzen.

Design- und Entwicklungselemente

Die Entwicklungsphilosophie hinter der E-Commerce-Plattform von TechTrend war es, eine nahtlose und intuitive Shopping-Erfahrung zu schaffen, die auf den modernen Verbraucher zugeschnitten ist. Zu den Kernelementen gehörten:

- **Responsive Design**: Gewährleistung einer optimalen Ansicht und Funktionalität auf allen Geräten, von Desktops bis zu Smartphones.
- **Benutzerfreundliche Navigation**: Einfache und intuitive Menüführung, die es den Kunden ermöglicht, schnell und effizient durch das Produktangebot zu navigieren.
- **Personalisierung**: Einsatz von künstlicher Intelligenz und maschinellem Lernen zur Bereitstellung personalisierter Produktempfehlungen basierend auf dem Kaufverhalten und den Präferenzen der Nutzer.

Nutzererfahrung

Die Plattform wurde mit dem Ziel entwickelt, eine überragende Nutzererfahrung zu bieten. Dazu gehörten:

- **Schnelle Ladezeiten**: Optimierung der Plattform für schnelle Ladezeiten, um die Abbruchrate zu verringern.
- **Sichere Zahlungsoptionen**: Integration mehrerer sicherer Zahlungsmethoden, um den Bedürfnissen verschiedener Kunden gerecht zu werden.
- **Kundensupport**: Einrichtung eines 24/7-Kundensupports, um Fragen und Probleme der Nutzer zeitnah zu adressieren.

Marketingstrategien zur Kundengewinnung

Um die Plattform auf dem Markt zu etablieren und Kunden zu gewinnen, setzte TechTrend auf eine Kombination aus traditionellen und digitalen Marketingstrategien:

- **Suchmaschinenoptimierung (SEO)**: Optimierung der Inhalte für Suchmaschinen, um die Sichtbarkeit in den Suchergebnissen zu erhöhen.
- **Social Media Marketing**: Nutzung von Social Media Plattformen, um mit potenziellen Kunden zu interagieren und die Markenbekanntheit zu steigern.
- **E-Mail-Marketing**: Einsatz von personalisierten E-Mail-Kampagnen, um Kunden über neue Angebote zu informieren und die Kundenbindung zu stärken.

Ergebnisse

Die E-Commerce-Plattform von TechTrend verzeichnete kurz nach dem Launch signifikante Erfolge:

- **Steigerung des Umsatzes**: Innerhalb der ersten sechs Monate nach der Einführung stieg der Umsatz um 50%.
- **Kundenbindung**: Durch personalisierte Angebote und eine hervorragende Nutzererfahrung konnte eine hohe Kundenbindung erreicht werden.
- **Markenbekanntheit**: Durch effektive Marketingstrategien konnte TechTrend seine Markenbekanntheit deutlich steigern und sich als führender Anbieter im E-Commerce-Sektor etablieren.

Fazit

Die E-Commerce-Plattform von TechTrend ist ein Paradebeispiel dafür, wie durch innovative Technologien, fokussiertes Design und strategisches Marketing eine erfolgreiche Online-Handelsplattform geschaffen werden kann. Die Kombination aus einer herausragenden Nutzererfahrung und effektiven Kundengewinnungsstrategien hat TechTrend ermöglicht, signifikanten Umsatz zu generieren und eine starke Position im wettbewerbsintensiven E-Commerce-Markt zu sichern.

10.2 Analysen und Lektionen

Die digitale Landschaft ist ständig im Wandel, und IT-Unternehmen, die im Bereich des digitalen Marketings führend sein wollen, müssen sich kontinuierlich anpassen und aus ihren Erfahrungen lernen. Die Analyse von Fallstudien und Best Practices bietet wertvolle Einblicke in erfolgreiche Strategien und gängige Stolpersteine. Dieses Kapitel beleuchtet die wichtigsten Lektionen, die aus der Analyse führender IT-Unternehmen gezogen wurden, und wie diese Erkenntnisse zur Gestaltung effektiver digitaler Marketingstrategien genutzt werden können.

Wichtigkeit von Daten

Die Nutzung von Daten zur Informationsgewinnung und Entscheidungsfindung hat sich als einer der kritischsten Erfolgsfaktoren herausgestellt. IT-Unternehmen, die in der Lage sind, aus großen Datenmengen actionable Insights zu gewinnen, können personalisierte Kundenerlebnisse schaffen, die Effizienz ihrer Kampagnen steigern und letztlich ihre Konversionsraten verbessern. Eine datengesteuerte Herangehensweise ermöglicht es Unternehmen, ihre Zielgruppen präziser zu segmentieren, ihr Kundenverhalten besser zu verstehen und ihre Marketingstrategien entsprechend anzupassen.

Bedeutung einer integrierten Marketingstrategie

Ein weiterer zentraler Aspekt ist die Entwicklung einer integrierten Marketingstrategie, die verschiedene Kanäle und Plattformen umfasst. Die erfolgreichsten IT-Unternehmen nutzen eine Kombination aus Content-Marketing, Suchmaschinenoptimierung (SEO), Social Media Marketing, E-Mail-Marketing und Online-Werbung, um eine kohärente und einheitliche Markenbotschaft zu vermitteln. Durch die Integration aller Marketingaktivitäten über verschiedene Kanäle hinweg können Unternehmen eine stärkere Markenpräsenz aufbauen und eine tiefere Verbindung zu ihrer Zielgruppe herstellen.

Anpassungsfähigkeit und Innovation

Die digitale Marketinglandschaft ist von schnellen Veränderungen geprägt. IT-Unternehmen, die sich durch eine hohe Anpassungsfähigkeit und Innovationsbereitschaft auszeichnen, sind in der Lage, sich schnell auf neue Trends und Technologien einzustellen. Die Bereitschaft, neue Ansätze auszuprobieren, aus Misserfolgen zu lernen und ständig nach Verbesserungen zu suchen, ist entscheidend für den langfristigen Erfolg.

Kunden im Mittelpunkt

Im Kern aller erfolgreichen digitalen Marketingstrategien steht der Kunde. Die Entwicklung von Kundenpersonas, das Verständnis der Customer Journey und die Schaffung wertvoller, relevanter Inhalte, die die Bedürfnisse und Schmerzpunkte der Zielgruppe ansprechen, sind wesentliche Elemente. IT-Unternehmen, die es schaffen, eine starke Kundenorientierung in ihrer Marketingstrategie zu verankern, können nicht nur die Kundenzufriedenheit steigern, sondern auch eine loyale Community aufbauen.

Fazit

Die Analyse erfolgreicher Fälle und die daraus gewonnenen Lektionen sind unerlässlich für IT-Unternehmen, die im digitalen Marketing führend sein wollen. Die Schwerpunkte auf datengesteuerte Entscheidungsfindung, die Entwicklung integrierter Marketingstrategien, die Anpassungsfähigkeit an Veränderungen und eine starke Kundenorientierung sind Schlüsselfaktoren für den Erfolg. Indem Unternehmen diese Erkenntnisse in ihre Strategien einfließen lassen, können sie nicht nur ihre gegenwärtige Position stärken, sondern auch nachhaltiges Wachstum in der Zukunft sichern.

11. ZUKUNFT DES DIGITALEN MARKETINGS FÜR IT-UNTERNEHMEN

11.1 Trends und Innovationen

Das digitale Marketing befindet sich in einem ständigen Wandel, getrieben durch technologische Fortschritte und sich ändernde Verbraucherpräferenzen. Für IT-Unternehmen ist es entscheidend, diese Trends und Innovationen nicht nur zu beobachten, sondern aktiv in ihre Strategien zu integrieren, um wettbewerbsfähig zu bleiben und das Wachstum zu fördern. Im Folgenden werden einige der wichtigsten Trends und Innovationen vorgestellt, die die Zukunft des digitalen Marketings für IT-Unternehmen prägen werden.

Künstliche Intelligenz und maschinelles Lernen

Künstliche Intelligenz (KI) und maschinelles Lernen revolutionieren das digitale Marketing, indem sie Prozesse automatisieren, personalisierte Kundenerlebnisse ermöglichen und präzise Einblicke in das Verbraucherverhalten liefern. IT-Unternehmen können KI nutzen, um Kundenpräferenzen vorherzusagen, personalisierte Inhalte in Echtzeit zu liefern und die Effektivität ihrer Kampagnen zu optimieren.

Sprachsuche und virtuelle Assistenten

Mit der zunehmenden Verbreitung von Smart Speakern und virtuellen Assistenten gewinnt die Sprachsuche an Bedeutung. IT-Unternehmen müssen ihre Inhalte und SEO-Strategien für sprachbasierte Suchanfragen optimieren, um in diesem wachsenden Markt sichtbar zu bleiben.

Augmented Reality (AR) und Virtual Reality (VR)

AR und VR bieten neue Möglichkeiten für das digitale Marketing, indem sie immersive und interaktive Erlebnisse schaffen. IT-Unternehmen können diese Technologien nutzen, um Produkte virtuell zu präsentieren, Kundenerlebnisse zu bereichern und die Kundenbindung zu erhöhen.

147

Influencer Marketing

Influencer Marketing bleibt ein wichtiger Trend, da es Unternehmen ermöglicht, ihre Zielgruppen durch authentische und vertrauenswürdige Stimmen zu erreichen. IT-Unternehmen sollten Partnerschaften mit Influencern in Betracht ziehen, die ihre Technologien und Lösungen effektiv an relevante Zielgruppen kommunizieren können.

Datenschutz und Datensicherheit

Angesichts strengerer Datenschutzbestimmungen und wachsender Bedenken hinsichtlich der Datensicherheit müssen IT-Unternehmen transparente und sichere Marketingpraktiken sicherstellen. Die Einhaltung der Datenschutz-Grundverordnung (DSGVO) und anderer Vorschriften ist nicht nur rechtlich erforderlich, sondern stärkt auch das Vertrauen der Kunden.

Nachhaltigkeit im digitalen Marketing

Nachhaltigkeit wird zu einem immer wichtigeren Thema, und Verbraucher erwarten von Unternehmen, dass sie Verantwortung übernehmen. IT-Unternehmen können digitales Marketing nutzen, um ihre Bemühungen um Nachhaltigkeit zu kommunizieren und umweltfreundliche Praktiken zu fördern.

Fazit

Die Zukunft des digitalen Marketings für IT-Unternehmen ist voller Herausforderungen und Möglichkeiten. Durch die Integration der neuesten Trends und Innovationen in ihre digitalen Marketingstrategien können IT-Unternehmen nicht nur ihre Sichtbarkeit und Kundenbindung verbessern, sondern auch einen positiven Beitrag zur Gesellschaft leisten. Die Anpassung an diese Trends erfordert Flexibilität, Kreativität und ein tiefes Verständnis für Technologie und Verbraucherverhalten.

11.2 Anpassung und langfristige Strategieentwicklung

In der dynamischen Welt des digitalen Marketings ist die Fähigkeit zur Anpassung und die Entwicklung langfristiger Strategien entscheidend für den Erfolg von IT-Unternehmen. Die rasante Entwicklung von Technologien, sich wandelnde Verbraucherpräferenzen und die zunehmende Konkurrenz erfordern einen vorausschauenden Ansatz, der nicht nur auf aktuelle Trends reagiert, sondern auch zukünftige Entwicklungen antizipiert. Dieser Abschnitt untersucht, wie IT-Unternehmen sich anpassen und langfristige digitale Marketingstrategien entwickeln können, um nachhaltiges Wachstum zu sichern.

Flexibilität und Anpassungsfähigkeit

Die Basis für langfristigen Erfolg im digitalen Marketing ist die Flexibilität. IT-Unternehmen müssen bereit sein, ihre Strategien schnell anzupassen, um auf Veränderungen im Markt oder bei Verbraucherverhalten reagieren zu können. Dies bedeutet, kontinuierlich Daten zu sammeln und zu analysieren, um Einblicke in Kundenpräferenzen und Markttrends zu gewinnen. Agile Marketingmethoden ermöglichen es Unternehmen, Experimente durchzuführen und innovative Ansätze zu testen, um zu lernen, was funktioniert und was nicht.

Investition in Technologie und Talent

Die Entwicklung langfristiger Strategien erfordert Investitionen in die richtigen Technologien und Talente. Fortschrittliche Analysetools, KI-basierte Marketingplattformen und Automatisierungstools sind unerlässlich, um effiziente und skalierbare digitale Marketingkampagnen durchzuführen. Gleichzeitig ist das Fachwissen von Talenten im digitalen Marketing entscheidend, um diese Technologien effektiv einzusetzen und kreative Lösungen für komplexe Herausforderungen zu entwickeln.

Kundenorientierung

Eine tiefgreifende Kundenorientierung ist der Schlüssel zu langfristig erfolgreichen digitalen Marketingstrategien. IT-Unternehmen müssen verstehen, dass der wahre Wert ihrer Angebote in der Fähigkeit liegt, reale Probleme ihrer Kunden zu lösen und Mehrwert zu schaffen. Dies erfordert ein tiefes Verständnis der Customer Journey, personalisierte Kommunikation und Angebote, die auf die spezifischen Bedürfnisse und Präferenzen der Zielgruppe zugeschnitten sind.

Nachhaltigkeit und ethisches Marketing

Angesichts des wachsenden Bewusstseins für soziale und ökologische Themen müssen IT-Unternehmen sicherstellen, dass ihre digitalen Marketingstrategien ethische Überlegungen und Nachhaltigkeitsprinzipien berücksichtigen. Transparente Kommunikation, der verantwortungsvolle Umgang mit Kundendaten und die Förderung von nachhaltigen Produkten und Dienstleistungen können dazu beitragen, das Vertrauen der Kunden zu stärken und die Marke positiv zu differenzieren.

Fazit

Die Entwicklung einer langfristigen digitalen Marketingstrategie erfordert eine Balance zwischen Flexibilität und Konsistenz, die Investition in die richtigen Ressourcen und eine unerschütterliche Kundenorientierung. Indem IT-Unternehmen vorausschauend planen, können sie nicht nur auf kurzfristige Veränderungen reagieren, sondern auch langfristiges Wachstum und Erfolg in der sich ständig wandelnden digitalen Landschaft sichern.

GLOSSAR

360-Grad-Marketing: Eine Marketingstrategie, die alle möglichen Berührungspunkte und Kanäle nutzt, um eine konsistente Markenbotschaft zu vermitteln.

4P Marketing-Modell: Ein traditionelles Marketingmodell, das Produkt, Preis, Platzierung und Promotion umfasst.

A/B-Testing: Ein Verfahren, bei dem zwei Versionen einer Webseite oder Anzeige verglichen werden, um zu bestimmen, welche besser abschneidet.

Above the Fold: Der Teil einer Webseite, der ohne Scrollen sichtbar ist, oft betrachtet als der wertvollste Bildschirmbereich.

Ad Exchange: Eine Technologieplattform, die den Kauf und Verkauf von Werbemedien zwischen Werbetreibenden und Verlegern ermöglicht.

Ad Impressions: Die Anzahl der Male, die eine Anzeige einem Nutzer angezeigt wird.

Ad-Blocker: Software, die Werbeanzeigen auf Webseiten blockiert oder entfernt.

Ad-Network: Ein Netzwerk von Webseiten, auf denen Werbetreibende ihre Anzeigen platzieren können.

Ad-Rank: Eine Bewertung, die bestimmt, wo und ob eine Anzeige in den Suchmaschinenergebnissen angezeigt wird.

Ad-Server: Eine Technologie, die Werbeanzeigen auf Webseiten ausliefert und verwaltet.

Ad-Space: Platz auf einer Webseite, der für Werbung zur Verfügung steht.

Affiliate Network: Eine Plattform, die Werbetreibende und Affiliate-Partner verbindet, um Werbeprogramme zu fördern und zu verwalten.

Affiliate-Marketing: Eine Art von Performance-Marketing, bei dem ein Unternehmen für Verkäufe oder Leads, die von den Empfehlungen eines Affiliate-Partners generiert werden, Provisionen zahlt.

Algorithm Update: Änderungen an den Algorithmen von Suchmaschinen, die beeinflussen, wie Inhalte gerankt und angezeigt werden.

Algorithmus: Eine Reihe von Regeln oder Verfahren, die von Suchmaschinen und sozialen Medien verwendet werden, um Inhalte zu ordnen und zu priorisieren.

Alt-Text: Ein Textbeschreibung für ein Bild auf einer Webseite, wichtig für SEO und Barrierefreiheit.

Analytics Dashboard: Eine Benutzeroberfläche, die wichtige Metriken und Datenvisualisierungen zusammenfasst, um die Leistung von Marketingkampagnen zu überwachen.

Analytics: Der Prozess der Sammlung, Analyse und Interpretation von Daten, um Muster zu erkennen, Entscheidungen zu treffen und die Leistung von digitalen Marketingkampagnen zu messen.

Attribution Model: Ein Rahmenwerk, das bestimmt, wie Kredit für Verkäufe und Conversions den verschiedenen Berührungspunkten auf dem Weg des Kunden zugewiesen wird.

B2B (Business-to-Business): Ein Handelsbereich, der Transaktionen zwischen Unternehmen umfasst, im Gegensatz zu Transaktionen mit Verbrauchern (B2C).

B2C (Business-to-Consumer): Ein Handelsbereich, der direkte Transaktionen zwischen Unternehmen und Verbrauchern umfasst.

Backlink: Ein eingehender Link von einer Webseite zu einer anderen, der als Signal für die Relevanz und Autorität einer Website dient.

Bannerwerbung: Eine Form der Online-Werbung, die grafische Anzeigen verwendet, um Besucher auf eine Website zu ziehen.

Big Data: Große Mengen an Daten, die aus verschiedenen Quellen gesammelt werden und die zur Mustererkennung und Entscheidungsfindung im Marketing verwendet werden können.

Bounce Rate: Der Prozentsatz der Besucher, die eine Webseite verlassen, ohne eine Aktion auszuführen oder andere Seiten zu besuchen.

Brand Awareness: Das Ausmaß, in dem Verbraucher mit einer Marke oder einem Produkt vertraut sind.

Call-to-Action (CTA): Ein Element oder eine Nachricht, die einen Websitebesucher dazu auffordert, eine bestimmte Aktion auszuführen, z.B. sich anzumelden oder ein Produkt zu kaufen.

Canonical Tag: Ein HTML-Element, das Suchmaschinen mitteilt, welche Version einer Webseite die autoritative ist, um doppelte Inhalte zu vermeiden.

Chatbot: Ein automatisiertes Gesprächssystem, das Text- oder Sprachinteraktionen mit Nutzern ermöglicht.

Click Fraud: Das betrügerische Klicken auf Anzeigen, um Werbetreibende zu belasten oder Publisher-Einnahmen zu erhöhen.

Content Curation: Die Auswahl, Organisation und Teilen von relevanten Inhalten zu einem bestimmten Thema.

Content Marketing: Eine Marketingstrategie, die darauf abzielt, Zielgruppen durch die Erstellung und Verteilung wertvoller, relevanter und konsistenter Inhalte anzuziehen, zu binden und zu gewinnen.

Content-Management-System (CMS): Eine Softwareanwendung oder ein Satz verwandter Programme, die verwendet werden, um digitale Inhalte zu erstellen und zu verwalten.

Conversion Funnel: Der Weg, den ein Kunde von der ersten Interaktion mit einer Marke bis zur Durchführung einer gewünschten Aktion (Conversion) nimmt.

Conversion Rate: Der Prozentsatz der Besucher einer Website, die eine gewünschte Aktion durchführen, wie z.B. einen Kauf tätigen oder sich anmelden.

Cookie: Eine kleine Datei, die von Websites verwendet wird, um Informationen über die Besucher und ihre Website-Besuche zu speichern.

Cost per Acquisition (CPA): Die Kosten, die einem Werbetreibenden für eine Conversion entstehen.

Cost per Click (CPC): Die Kosten, die einem Werbetreibenden für jeden Klick auf eine Anzeige entstehen.

Cost per Impression (CPM): Die Kosten für tausend Anzeigenimpressionen.

Cross-Channel-Marketing: Die Verwendung mehrerer Kanäle (wie Social Media, E-Mail und Webseiten) in einer integrierten Weise, um eine kohärente und konsistente Botschaft zu vermitteln.

Cross-Selling: Die Praxis, einem Kunden zusätzliche Produkte oder Dienstleistungen zu verkaufen, die ergänzend zum ursprünglichen Kauf sind.

CTR (Click-Through-Rate): Ein Maß dafür, wie oft Personen, die eine Anzeige sehen, darauf klicken, um zur Zielwebseite zu gelangen.

Customer Acquisition Cost (CAC): Die Gesamtkosten, die aufgewendet werden, um einen neuen Kunden zu gewinnen.

Customer Journey: Die Gesamtheit der Erfahrungen, die ein Kunde mit einer Marke macht, vom ersten Bewusstsein bis zum Kauf und darüber hinaus.

Customer Lifetime Value (CLV): Der Gesamtwert, den ein Kunde im Laufe seiner Beziehung zu einem Unternehmen generiert.

Customer Relationship Management (CRM): Systeme und Strategien, die Unternehmen verwenden, um ihre Interaktionen mit aktuellen und potenziellen Kunden zu verwalten und zu analysieren.

Data-Mining: Der Prozess der Analyse großer Datensätze, um Muster zu erkennen und wertvolle Informationen zu gewinnen.

Deep Linking: Die Praxis, einen Link zu erstellen, der auf eine spezifische, tiefer liegende Seite innerhalb einer Website oder App verweist.

Digital Asset Management (DAM): Systeme und Softwarelösungen zur Speicherung, Organisation und Verwaltung von digitalen Inhalten.

Digital Native: Eine Person, die in die digitale Technologie hineingeboren wurde und sich mit digitalen Plattformen und Geräten intuitiv auskennt.

Domain Authority: Ein Maß für die Stärke einer Domain, das ihre Fähigkeit vorhersagt, in den Suchmaschinenergebnissen zu ranken.

E-Commerce: Der Kauf und Verkauf von Waren und Dienstleistungen über das Internet.

E-Mail Automation: Der Einsatz von Software, um E-Mails basierend auf bestimmten Auslösern oder Zeitplänen automatisch zu senden.

E-Mail-Marketing: Das Senden von kommerziellen Nachrichten an eine Gruppe von Personen per E-Mail, oft mit dem Ziel, Verkäufe zu fördern oder die Kundenbindung zu stärken.

Engagement Rate: Ein Maß dafür, wie aktiv Benutzer mit dem Inhalt einer Marke interagieren, typischerweise auf sozialen Medien.

Exit Intent Technology: Eine Technologie, die erkennt, wenn ein Besucher dabei ist, eine Webseite zu verlassen, und versucht, ihn mit einem Angebot oder einer Nachricht zurückzuhalten.

Geo-Fencing: Eine Technologie, die es ermöglicht, digitale Anzeigen basierend auf der geografischen Lage eines Nutzers auszuliefern.

Geotargeting: Die Praxis, Inhalte oder Anzeigen basierend auf dem geografischen Standort des Benutzers zu liefern.

Google Ads: Eine Online-Werbeplattform, die von Google entwickelt wurde, auf der Werbetreibende Anzeigen schalten können, die im Suchergebnisseiten von Google und im Google-Werbenetzwerk erscheinen.

Google Analytics: Ein kostenloses Webanalyse-Tool von Google, das detaillierte Einblicke in die Webseitenaktivität bietet.

Hashtag: Ein Wort oder eine Phrase, vorangestellt von einem Rautezeichen (#), verwendet auf sozialen Medien, um Beiträge zu einem bestimmten Thema zu kennzeichnen und auffindbar zu machen.

Header Tag: HTML-Elemente (H1, H2, H3 usw.), die verwendet werden, um Überschriften und Unterüberschriften auf Webseiten zu strukturieren.

Heatmap: Eine visuelle Darstellung, die zeigt, wo Benutzer auf einer Webseite klicken, scrollen und ihre Zeit verbringen.

Impression: Ein Maß dafür, wie oft eine Anzeige im Internet angezeigt wird, unabhängig davon, ob sie angeklickt wird oder nicht.

Inbound Marketing: Eine Marketingstrategie, die darauf abzielt, Kunden durch relevante und hilfreiche Inhalte und Interaktionen anzuziehen.

Indexierung: Der Prozess, durch den Suchmaschinen Webseiten erfassen und in ihren Index aufnehmen.

Influencer-Marketing: Eine Form des Marketings, die sich auf Schlüsselpersonen konzentriert, um die Botschaft der Marke an das größere Publikum zu übermitteln.

Influencer: Eine Person mit der Fähigkeit, das Verhalten oder die Meinung anderer Menschen über soziale Medien zu beeinflussen.

Keyword: Ein Wort oder eine Phrase, die Nutzer in Suchmaschinen eingeben, um Informationen zu finden. Keywords sind auch wichtig für die SEO einer Webseite.

KPI (Key Performance Indicator): Eine spezifische Messgröße, die verwendet wird, um die Effektivität von Marketingaktionen und -strategien zu bewerten.

Landing Page Optimization (LPO): Der Prozess der Verbesserung von Elementen

Landing Page: Eine speziell gestaltete Webseite, die Besucher nach dem Klicken auf eine Anzeige oder einen Link empfängt, oft mit dem Ziel, eine Conversion zu erzielen.

Lead Generation: Der Prozess der Anziehung und Umwandlung von Interessenten in jemanden, der ein Interesse an den Produkten oder Dienstleistungen eines Unternehmens hat.

Link Building: Die Praxis, externe Seiten dazu zu bringen, auf die eigene Webseite zu verlinken, was die Suchmaschinenrangliste verbessern kann.

Mobile Marketing: Marketingaktivitäten, die speziell darauf ausgerichtet sind, Nutzer von mobilen Geräten wie Smartphones und Tablets zu erreichen.

Native Advertising: Eine Form der Online-Werbung, die sich nahtlos in den Inhalt der Plattform einfügt, auf der sie erscheint, und oft nicht sofort als Werbung erkennbar ist.

Omni-Channel-Marketing: Eine Strategie, die darauf abzielt, Kunden ein nahtloses Einkaufserlebnis über mehrere Kanäle hinweg zu bieten, sowohl online als auch offline.

Paid Media: Jegliche Form von bezahlter Werbung, die genutzt wird, um die Sichtbarkeit von Marketinginhalten zu erhöhen.

Pay-Per-Click (PPC): Ein Werbemodell, bei dem Werbetreibende jedes Mal bezahlen, wenn auf ihre Anzeige geklickt wird.

Performance Marketing: Eine Online-Marketingstrategie, bei der Werbetreibende basierend auf der Leistung ihrer Anzeigen, wie z.b. Klicks oder Konversionen, bezahlen.

Personalisierung: Die Anpassung von Inhalten und Angeboten an die individuellen Bedürfnisse und Vorlieben der Nutzer.

Podcasting: Das Erstellen und Verbreiten von Audio- oder Videodateien über das Internet, die Abonnenten herunterladen können.

Programmatic Advertising: Der automatisierte Kauf und Verkauf von Online-Werbung durch Algorithmen, der eine effizientere Platzierung und Optimierung von Anzeigen ermöglicht.

Programmatic Buying: Der automatisierte Kauf von Werbeflächen in Echtzeit, oft unter Verwendung von Algorithmen, um Zielgruppen effektiver anzusprechen.

Reichweite: Die Anzahl der Personen, die durch eine Marketingkampagne erreicht werden, sei es durch organische oder bezahlte Kanäle.

Remarketing: Eine Online-Marketingtechnik, die darauf abzielt, frühere Besucher einer Website erneut anzusprechen, oft durch gezielte Anzeigen.

Responsive Design: Eine Webdesign-Technik, die sicherstellt, dass eine Website auf verschiedenen Geräten und Bildschirmgrößen gut aussieht und funktioniert.

Retargeting: Ähnlich wie Remarketing, eine Technik, die gezielte Anzeigen verwendet, um Nutzer anzusprechen, die eine Website bereits besucht haben, aber keine Conversion getätigt haben.

ROI (Return on Investment): Eine Metrik, die das Verhältnis von Gewinn (oder Verlust) zu den investierten Mitteln misst.

RSS-Feed (Really Simple Syndication): Ein Format zum Veröffentlichen regelmäßig aktualisierter Informationen, wie z.B. Blog-Einträge oder Nachrichten.

SaaS (Software as a Service): Ein Cloud-basiertes Modell, bei dem Softwareanwendungen über das Internet zur Verfügung gestellt und abonniert werden.

Search Engine Marketing (SEM): Eine Form des Internetmarketings, die die Sichtbarkeit einer Website in Suchmaschinenergebnisseiten durch bezahlte Werbung erhöht.

SEO (Search Engine Optimization): Der Prozess der Optimierung einer Website, um eine höhere Platzierung in den Suchmaschinenergebnisseiten (SERPs) zu erzielen und mehr organischen Traffic zu generieren.

SERP (Search Engine Results Page): Die Seite, die nach Eingabe einer Suchanfrage in eine Suchmaschine angezeigt wird, mit den Ergebnissen der Suche.

Share of Voice (SOV): Ein Maß für die Marktpräsenz einer Marke im Vergleich zu ihren Wettbewerbern, oft in Bezug auf Werbeausgaben oder Sichtbarkeit in den Medien.

Social Listening: Der Prozess des Monitorings von sozialen Medienkanälen auf Erwähnungen einer Marke, Keywords, Konkurrenten und Branchentrends.

Social Media Marketing: Die Verwendung von sozialen Medien Plattformen, um eine Marke zu bewerben, mit Kunden zu interagieren und Marketingziele zu erreichen.

Storytelling: Die Kunst, eine Geschichte zu erzählen, um eine emotionale Verbindung zum Publikum herzustellen und die Markenbotschaft zu verstärken.

Targeting: Die Auswahl spezifischer Gruppen von Personen für Marketingkampagnen basierend auf demografischen, geografischen oder verhaltensbezogenen Daten.

UGC (User Generated Content): Inhalte, die von Nutzern und nicht von der Marke selbst erstellt wurden, wie z.B. Bewertungen, Kommentare und Fotos.

UI (User Interface): Die Schnittstelle, durch die ein Nutzer mit einem digitalen Produkt oder Service interagiert.

URL (Uniform Resource Locator): Die Adresse einer Webseite im Internet.

User Experience (UX): Die Gesamtheit der Erfahrungen, die ein Benutzer beim Interagieren mit einer Website oder einer App hat, einschließlich der Benutzerfreundlichkeit und Zufriedenheit.

User Interface (UI): Die Schnittstelle, durch die ein Benutzer mit einer Maschine interagiert, einschließlich der Gestaltung von Webseiten oder Apps.

Viral Marketing: Eine Marketingstrategie, die darauf abzielt, Inhalte so interessant oder unterhaltsam zu gestalten, dass sie schnell durch Mundpropaganda oder über soziale Medien verbreitet werden.

Web Analytics: Die Sammlung, Analyse und Berichterstattung von Webdaten zum Verständnis und zur Optimierung der Webnutzung.

Webinar: Ein Online-Seminar, das über das Internet in Echtzeit übertragen wird, oft als Teil einer Bildungs- oder Marketingstrategie.

Whitepaper: Ein informatives Dokument, das ein Problem erläutert und eine Lösung aufzeigt, oft verwendet im B2B-Marketing.

Widget: Ein kleines Anwendungsprogramm oder Tool, das auf einer Webseite eingebettet werden kann, um spezifische Funktionen oder Informationen bereitzustellen.

Wireframe: Ein visueller Leitfaden, der die Struktur einer Webseite oder App skizziert, oft verwendet in der Webentwicklung und im Design.

Word-of-Mouth Marketing: Die Förderung eines Produkts oder einer Dienstleistung durch Mundpropaganda, was oft als eine der glaubwürdigsten Formen der Werbung angesehen wird.

WordPress: Eine beliebte Open-Source-Plattform zur Erstellung von Websites und Blogs, die auch als Content-Management-System (CMS) dient.

Workflow Automation: Die Verwendung von Technologie zur Automatisierung von wiederkehrenden Aufgaben und Prozessen im Marketing.

XML (Extensible Markup Language): Eine Markup-Sprache, die verwendet wird, um Daten in einem formatierten Layout zu speichern und zu transportieren.

XML-Sitemap: Eine Datei, die Suchmaschinen dabei hilft, die Struktur einer Website zu verstehen, indem sie URLs und zusätzliche Metadaten für jede Seite auflistet.

YouTube-Marketing: Die Nutzung von YouTube, der größten Video-Sharing-Plattform, für Marketingzwecke, um Markenbewusstsein zu schaffen, Traffic zu generieren oder Leads zu konvertieren.

Zero-Click Search: Eine Suche, bei der die Antwort direkt auf der Suchergebnisseite angezeigt wird, ohne dass der Nutzer auf ein Suchergebnis klicken muss.

STICHWORTVERZEICHNIS

Klaus-Dieter Sedlacek, ein Meister seines Fachs in der Welt des Marketings und der digitalen Strategie, bietet mit "Digitales Marketing Meisterklasse: Der Weg zu mehr Umsatz - Komplettleitfaden für IT-Unternehmen" den Schlüssel für IT-Unternehmen, um in der heutigen dynamischen Digitalwelt nicht nur zu bestehen, sondern zu glänzen. Dieses Buch ist mehr als nur ein Leitfaden; es ist eine umfassende Expedition durch die facettenreiche Welt des digitalen Marketings, maßgeschneidert für die speziellen Bedürfnisse und Möglichkeiten von IT-Unternehmen.

Von den Grundlagen bis zu fortgeschrittenen Strategien, Werkzeugen und Techniken, die speziell darauf ausgerichtet sind, den Umsatz von IT-Unternehmen zu steigern, bietet jede Seite dieses Buches praxisnahe Ratschläge und tiefgreifende Einblicke. Sedlacek entführt die Leser auf eine Reise durch das Content-Marketing, entwirrt die Geheimnisse von SEO und SEM, navigiert durch die Komplexitäten sozialer Medien und E-Mail-Kampagnen und vieles mehr.

"DIGITALE MARKETING MEISTERKLASSE" dient nicht nur als Wegweiser, sondern als Inspiration für IT-Unternehmen, die ihre digitale Präsenz verstärken und einen signifikanten Umsatzschub erfahren möchten. Durch Fallstudien, bewährte Methoden und leicht verständliche Erklärungen demystifiziert Sedlacek digitale Marketingstrategien und zeigt, wie sie erfolgreich in die Praxis umgesetzt werden können.

Bereiten Sie sich darauf vor, die digitale Marketinglandschaft zu erobern und Ihr IT-Unternehmen auf die nächste Ebene zu bringen. "Digitales Marketing Meisterklasse" ist der essenzielle Begleiter auf diesem Weg. Tauchen Sie ein in dieses Buch und entdecken Sie, wie Sie die digitale Welt nutzen können, um nicht nur zu überleben, sondern in der digitalen Ära außergewöhnlich erfolgreich zu sein.

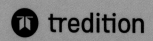